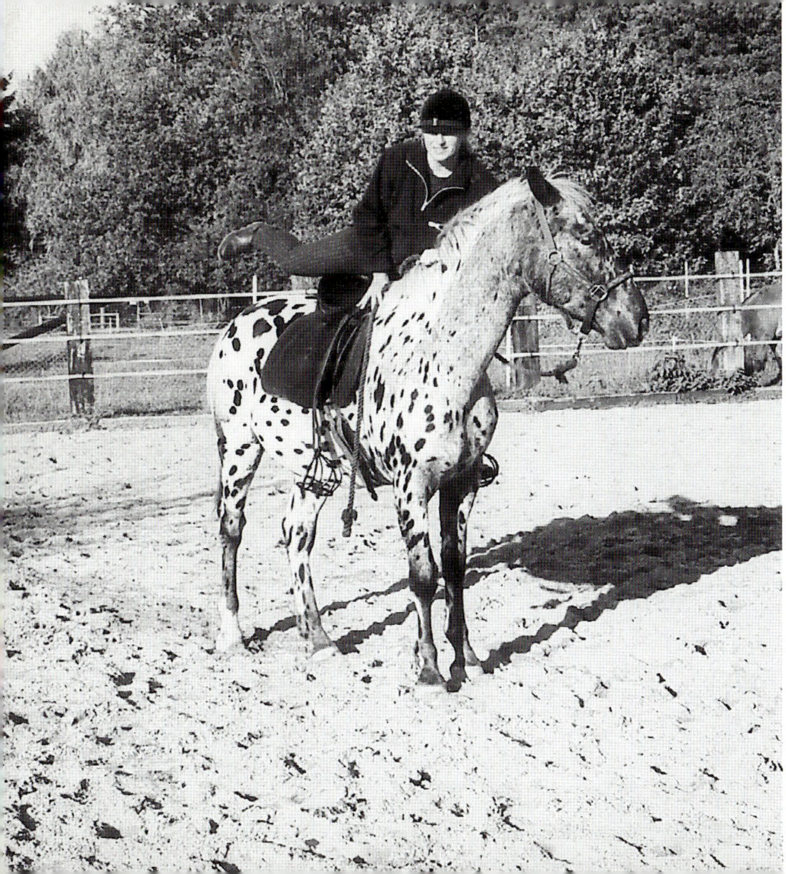

Kerstin Diacont

Pferde richtig anreiten

BLV ARBEITSBUCH PFERD

W0068917

Inhalt

1
2
3
4
5
6
7
8
9

Einleitung

Pferde selbst anreiten – wo liegen die Vorteile?

Ein Fohlen selbst zu ziehen und seinen Lebens- und Ausbildungsweg von Anfang an zu kennen und (positiv) beeinflussen zu können – das ist der Traum vieler Reiter. Oder auch, sich ein ungerittenes Pferd zu kaufen, vorhandene »Macken« des Pferdes nicht auf sein Vorleben schieben zu müssen (oder zu dürfen?), sondern selbst die Verantwortung für eine schonende und pferdegerechte Ausbildung zu übernehmen – mit dem Ziel eine körperliche und psychische Überlastung durch zu schnelles und zu frühes Training zu vermeiden und einen zuverlässigen Partner heranzubilden.

Denn – machen wir uns nichts vor – gute professionelle Pferdetrainer sind teuer und selten und auch der beste kann für ein einzelnes Pferd nicht so viel Zeit erübrigen wie der eigene Besitzer. Ein junges Pferd »im Schnelldurchlauf« für nur zwei oder drei Monate zum Anreiten zu geben und dann zu erwarten, dass es »fertig ausgebildet« zurückkommt ist Illusion. Sinnvoller, Pferde schonender und auch meistens billiger ist es, sich mit den nötigen Fähigkeiten und dem nötigen Wissen zu versorgen und die Ausbildung – langsam und geduldig – selbst in die Hand zu nehmen. Dabei macht es überhaupt nichts, wenn man sich im ersten halben Jahr z.B. nicht zutraut, sein Pferd zu galoppieren. Das Pferd zeigt Ihnen schon, wann es zu einem – von Ihnen kontrollierbaren – Galopp bereit ist.

Ein weiterer Vorteil der »hausgemachten« Ausbildung ist die Möglichkeit, einer umfassenden Allround-Schulung des Pferdes, die seine spätere Verwendung noch nicht hundertprozentig festlegt. Die Heranbildung von vierbeinigen »Fachidioten«, z.B. von stumpfen, hufrollengeschädigten »Pleasure-

Eine vielseitige Ausbildung eröffnet viele Möglichkeiten.

Maschinen« im Westernsport oder im Gelände kaum zu bändigenden Dressurpferden kann so vermieden werden. Einem Dressur- oder Reiningpferd schaden keinesfalls kleine Gymnastiksprünge. Im Gegenteil, sie machen die Grundausbildung abwechslungsreich. Das künftige Spring- oder Geländepferd kann seine Koordination mit Trail- und Geschicklichkeitsübungen deutlich verbessern. Und die Zusammenarbeit zwischen Reiter und Pferd wird umso besser, je vielschichtiger die Grundausbildung ist. (Das gilt auch auch für Fahrer und Pferd, denn auch das Fahren vom Boden ist eine sinnvolle Basisübung.) In diesem Sinne kann man die Angebote seines Pferdes annehmen, ohne sich frühzeitig einzuengen.

Wer möchte, nutzt beim Anreiten und bei der Basisausbildung also die Vorteile verschiedener Reitweisen, von denen jede andere Ausbildungsmöglichkeiten und -schwerpunkte bereithält.

Die Westernreitweise legt z.B. auf eine leichte und sichere Kontrolle des Pferdes ganz besonderen Wert, während die Dressurausbildung deutlicher auf eine saubere Gymnastizierung und die Entlastung der Vorhand abzielt. Für sicheres, kontrolliertes und pferdeschonendes Reiten ist jedoch beides gleichermaßen wichtig und schließt sich nicht gegenseitig aus. Als Selfmade-Ausbilder kann man verschiedene Methoden »grenzübergreifend« mischen und damit sein Pferd zu einem echten Allrounder machen.

Beschränkungen gibt es dabei nur insofern, wie das Pferd nicht durch widersprüchliche Kommandos verwirrt werden darf.

Voraussetzungen

Welche Voraussetzungen müssen erfüllt sein und welche Risiken birgt es, wenn man als Amateur (und damit sind alle gemeint, die nicht hauptberuflich ihr Geld mit Pferden verdienen) die Ausbildung seines jungen Pferdes selbst in die Hand nimmt?

Voraussetzungen dafür, einem jungen Pferd überhaupt etwas Sinnvolles und Nützliches beizubringen sind Sensibilität, Selbstkontrolle, Balance und Erfahrung des Reiters. Er muss sich erstens in die Psyche des jungen Pferdes einfühlen können und zweitens etwas von »Bewegungslehre« verstehen. Unter dem Begriff Bewegungslehre möchte ich alle jene Gebiete zusammenfassen, die sich mit Harmonie, Gleichgewicht, Kondition und Koordination befassen. Das Verständnis von »Bewegung« sollte sich sowohl auf die Bewegungen des Pferdes als auch auf die eigenen als Reiter beziehen – und natürlich auf das Zusammenspiel dieser beiden Bewegungsabläufe in einer gemeinsamen Bewegung, bei der sich die zwei Partner (Mensch und Pferd) nicht gegenseitig behindern.

Sowohl bei vorbereitender Boden- und Longenarbeit als auch beim späteren Reiten sind das eigene Körperbewusstsein und die Bewegenlichkeit des Reiters ebenso wichtig wie die Kontrolle seiner eigenen Emotionen (Angst, Zorn etc.). Eine realistische Einschätzung der Psyche und der körperlichen Möglichkeiten des Pferdes rundet die Fähigkeitspalette des künftigen Ausbilders ab. Körperliche Schwächen sowohl des Reiters als auch des Pferdes sind dabei besser auszugleichen als emotionale Schwächen – z.B. ein schwieriges Temperament oder eine niedrige Angstschwelle. Der künftige Reiter eines jungen Pferdes kann sich durch gute erzieherische Grundsatzarbeit am Boden und an der Longe und mit begleitender geduldiger Anleitung durch einen erfahrenen Ausbilder die Arbeit des eigentlichen Anreitens deutlich erleichtern sowie

Eine gute Grundausbildung versetzt uns in die Lage, die Kraft und die Reaktionen des Pferdes zu kontrollieren.

vermeidbare Fehler ausschließen. Natürlich sind nicht alle Fehler vermeidbar und es wird immer mal wieder unliebsame Überraschungen oder »Rückfälle« geben. Wichtig ist, sich dadurch nicht entmutigen oder zu einer wütenden Reaktion verleiten zu lassen. Jedes Pferd lernt anders, hat ein anderes Temperament und vor anderen Dingen Angst – und das Gleiche gilt auch für den Reiter.

Behalten Sie möglichst immer die Nerven und versuchen Sie, Ihr eigenes Unbehagen oder auch die eigene Angst unter Kontrolle zu halten, auch wenn Sie einen Verlust der Kontrolle über das Pferd befürchten und sich vorkommen, wie auf dem berüchtigten »Pulverfass«.

Das ist oft leichter gesagt als getan und deswegen ist dem Bereich »Umgang mit der Angst« in diesem Buch ein eigenes Kapitel gewidmet.

Dabei geht es sowohl um die Angst des Pferdes als auch um die Angst des Reiters und die nahen Verwandten der Angst, nämlich die Wut und den (Jäh)zorn.

Noch ein Wort zur Handhabung des Buches: Lesen Sie es mindestens einmal ganz und suchen Sie sich erst danach die Abschnitte heraus, die Sie besonders interessieren. Um dauernde Wiederholungen zu vermeiden sind Erklärungen, die sowohl die Bodenarbeit als auch das Reiten betreffen, immer nur einmal gegeben worden – immer dort, wo sie am dringendsten nötig waren. Um einen groben Zusammenhang des Systems zu bekommen, sollten Sie deswegen nicht nur »querlesen«.

»Gewaltfreie« Ausbildung?

Der Versuch einer Begriffsbestimmung

In den letzten Jahren sind viele Ausbildungs- und Anreit-Methoden in Mode gekommen, die mit den Begriffen »artgerecht« »gewaltfrei« »schonend« oder »leicht« werben. Klingt gut und nach dem Geschmack jedes echten Pferdefreundes. Leider werden diese Attribute manchmal etwas überstrapaziert und auch oft missinterpretiert. Und oft erweisen sich gerade die Ausbildungsmethoden derer, die angeblich besonders spielerisch und schonend mit den Pferden umgehen, als wenig artgerecht, als lückenhaft (hinsichtlich der nötigen Gymnastizierung des Pferdes) oder sogar gefährlich (für den späteren Reiter).

Beginnen wir doch einmal mit dem Begriff artgerecht, den ich auch

Artgerecht: das Spiel mit Artgenossen.

selbst gern für meine Erziehungsmethoden verwende.

Was heißt denn überhaupt artgerecht?

Ist die Nutzung des Pferdes als Reittier artgerecht? Wohl kaum, denn der Rücken des Pferdes ist nicht zum Tragen eines Reitergewichtes geschaffen. Geritten werden liegt nicht in der Natur des Pferdes. Wenn wir es trotzdem tun, handeln wir gegen die Natur des Pferdes – also vom Grundprinzip her überhaupt nicht artgerecht. Ist die Haltung des Pferdes in Boxen artgerecht? Genauso wenig wie das Reiten – aber sie erleichtert den Zugriff auf das von uns genutzte Pferd. Auch wenn wir dem Pferd einen Offenstall mit Auslauf bieten, der seinen natürlichen Bedürfnissen deutlich mehr entspricht als eine geschlossene Box, so ist das hinsichtlich einer artgerechten Lebensweise nur ein Kompromiss. »Wenn wir die Pferde nicht als Sport- und Freizeitpartner nutzen würden, gäbe es bald keine mehr« wird immer wieder gerne argumentiert. Es gäbe schon noch welche, jedoch in der Wildform (bzw. verwilderter Form wie in Australien oder Amerika) und für uns als Mensch nicht leicht zugänglich.

Betrachten wir unseren Umgang mit dem Pferd doch einmal ohne Gefühlsduselei als das was es ist:

eine rein egoistische Nutzung zu unserem persönlichen Vergnügen. Sind wir verantwortungsbewusst, so versuchen wir, den Bedürfnissen des Pferdes im oben beschriebenen Kompromiss gerecht zu werden. Wir bieten ihnen eine wenigstens annähernd artgerechte Lebensweise in kleinen Gruppen und in offenen luftigen Ställen. Und wir erziehen und schulen sie in einer Weise, die es ihnen schließlich ermöglicht, das Gewicht des Reiters ohne gravierenden Schaden für sich selbst (für Rücken, Sehnen und Gelenke) zu tragen. Natürlich sind wir auch hier nicht völlig selbstlos, denn eine gute Schulung des Pferdes bewahrt auch uns selbst vor Unbequemlichkeiten und Schaden.

Wenn wir jetzt noch den Begriff schonend hinzunehmen, dann können wir ihn nur mit halbwegs gutem Gewissen verwenden, wenn wir die anatomischen Gegebenheiten des Pferdes und unsere eigene Einwirkung darauf berücksichtigen. Wir können dem Pferd z.B. nicht erlauben, mit weggedrücktem Rücken zu laufen, also müssen wir es davon überzeugen, dass es eine andere Haltung einnehmen soll. Wieviel Zwang oder auch wieviel »List und Tücke« wir dabei aufwenden müssen, hängt von den Eigenschaften des Pferdes und von unserer eigenen Fähigkeit ab, dem Pferd etwas verständlich zu vermitteln. Und erst da kommt der Begiff artgerecht richtigerweise wieder ins Spiel: als dem Pferd verständliche

Erziehungsmethode und als der anatomischen Art des Pferdes gerechte Reitmethode. Der Reitstil und der spätere Verwendungszweck des Pferdes (als Arbeitspferd, Spazierreitpferd oder Turnierpferd) sind dabei nicht von Bedeutung, es zählt allein eine dem Exterieur gemäße Gymnastizierung des Pferdes, die es in die Lage versetzt, den Reiter ohne Schaden für die eigene Gesundheit zu tragen. Dabei lässt es sich nicht immer vermeiden Zwang auszuüben, um zu verhindern, dass dem Pferd ein körperlicher Schaden durch das Gerittenwerden entsteht. Schonend kann also nicht unbedingt mit zwangfrei oder antiautoritär gleichgesetzt werden. Wer das Pferd laufen lässt, wie es will, weil er es z.B. unter keinen Umständen im Maul stören will, gefährdet die Gesundheit des Pferdes (und seine eigene, denn ein unerzogenes ungymnastiziertes Pferd ist ein Sicherheitsrisiko).

Und damit haben wir die Überleitung zum Begriff gewaltfrei

Die Begriffe artgerecht und gewaltfrei bilden in gewissen Bereichen schon einen Widerspruch in sich. Beide müssen eingegrenzt und spezifiziert werden, um sie nebeneinander stehen lassen zu können.

Was ist eine artgerechte Erziehung des Pferdes?

Es ist ganz einfach die Erziehung, die einem Pferd in einer Gemeinschaft seiner eigenen Art, also in der Herde und durch die Herdenmitglieder, zuteil wird (oder werden würde).

Ist eine solche Erziehung gewaltfrei? Durchaus nicht! Pferde untereinander sind oft ganz schön brutal und befolgen streng hierarchische Regeln. Das beginnt damit, dass der Rangniedere vom Futter weggebissen wird oder nicht in den Unterstand darf und endet mit kräftigen Huftritten, wenn ein Pferd seine »Kompetenzen« überschreitet. Andererseits gewährleistet nur eine solche Hierarchie den Zusammenhalt, den die Herde als Ganzes braucht, um zu überleben und ihre einzelnen Mitglieder zu schützen. Das einzelne Pferd ordnet sich entweder ein (bzw. erkämpft sich seinen Platz) oder wird verstoßen.

Dabei arbeiten die ranghöheren Pferde sowohl mit körperlichem als auch psychischem Druck und nehmen weder Rücksicht auf körperliche Gebrechen noch auf Alter oder Schwäche. Es gilt das Gesetz der Natur und damit das Recht des Stärkeren – und das bietet keinen Raum für Sentimentalitäten. Wollen Sie sich dem Pferd gegenüber auf artgerechte Weise durchsetzen, können Sie also auf eine gewisse Härte nicht verzichten – dem Pferd gegenüber, aber auch sich selbst gegenüber (denn oft muss man sich selbst dazu überwinden, dem Pferd gegenüber bestimmte Dinge durchzusetzen).

Zum Thema Härte gehören im Einzelnen sowohl die Konsequenz, bei einer einmal getroffenen Entschei-dung zu bleiben als auch die innere Stärke, eine solche Entscheidung auch durchzusetzen. Weiterhin gehört dazu ein kleiner Griff in die Trickkiste, um das Pferd nicht merken zu lassen, dass es uns an körperlicher Kraft vielfach überlegen ist. Schnelle Reaktionen und damit auch prompte Strafen gehören dazu. Damit können Sie unerwünschte Aktionen des Pferdes unterbinden, bevor sie sich zu einem Problem auswachsen können. Und schließlich genug Ausgeglichenheit, um aus einer ruhigen Grundstimmung heraus zu agieren.

Härte und Gewalt liegen dicht beieinander

In den folgenden Abschnitten versuche ich grundsätzliche Merkmale beider Begriffe (zumindest für die Verwendung in diesem Buch) zu definieren.

Wir könnten eine Unterscheidung treffen, indem wir festlegen: eine strenge oder harte Erziehung des Pferdes ist niemals ungerecht (im Sinne des Pferdes) und entbehrt von Seiten des Ausbilders Emotionen wie Wut, Angst oder Jähzorn. Damit verhindern Sie zu harte Strafen. Sie vermeiden aber auch, dass eine nötige Strafe aus Angst vor einer nicht kontrollierbaren Reaktion des Pferdes nicht erfolgt – und Ihnen das Pferd irgendwann »auf der Nase herumtanzt«.

Die strenge, konsequente Erziehung wird Ihnen immer den Respekt und damit auch das Vertrauen des Pferdes einbringen (siehe auch Thema

Angst und Angstbewältigung). Unkontrollierte Emotionen beim Ausbilder, z.B. jähzorniges »Draufschlagen« erzeugen jedoch Angst, Unverständnis und Vertrauensverlust beim Pferd und im schlimmsten Fall ein Pferd, das gegen Sie kämpft und schließlich eine Gefahr für Sie darstellt.

Eine im positiven Sinn strenge Erziehung ist jedoch nur möglich, wenn Sie als Ausbilder wissen, was Sie tun müssen, wie ein Pferd reagiert und wie Sie einer Forderung artgerecht (das heißt für das Pferd verständlich) Nachdruck verleihen.

Andernfalls sind wird tatsächlich beim Thema Gewalt:

Ungerechtfertigte, für das »Vergehen« des Pferdes zu harte oder dem Pferd unverständliche Strafen gehören zum Thema sinnlose Gewalteinwirkung. Ein brutales wiederholtes Reißen am Gebiss oder ein unkontrolliert-zorniges Verprügeln des Pferdes als Angstreaktion des Ausbilders, aber auch ein Zusammenschnüren des Pferdes mit allerlei Hilfsmitteln, bis es sich nicht mehr rühren kann. Diese unnötige Art von Gewalt sollten Sie bei der Ausbildung von Pferden vermeiden. In diesem Sinne ist Gewaltfreiheit tatsächlich wünschenswert.

Sie können Ihrem Pferd jedoch durchaus einen Tritt in die Rippen verpassen, wenn es nach Ihnen gekickt oder gebissen hat; das ist nicht gewalttätig sondern eine Erziehungsmaßnahme, die Sie davor bewahrt, irgendwann selbst im Kran-
kenhaus zu landen – und außerdem: So fest, wie ein anderes Pferd zutreten würde, können Sie Ihr Pferd gar nicht treten. Sie können auch ruhig einmal mit den Sporen pieken oder den Zügel etwas härter einsetzen, solange Sie nicht rückwärts reißen und sofort wieder nachgeben, sobald auch nur der Ansatz einer positiven Reaktion des Pferdes erfolgt. Eine kurzfristige Härte (oder nennen Sie es auch Gewalteinwirkung) in diesem Bereich ist auf Dauer pferdeschonender als ein ewiges Gezerch mit einem steifen Pferd, welches sich nicht biegen und damit nicht gymnastizieren lässt.

Ein Pferd, welches Sie und Ihre Forderungen ignoriert, können Sie mit ausdauernden und unangenehmen

Gutes Reiten sieht leicht und elegant aus –
doch der Weg dorthin ist nicht leicht.

Störaktionen auf Ihre Wünsche aufmerksam machen. Je ruhiger Sie dabei selbst bleiben, desto weniger empfindet das Pferd die nervenden Störungen als gewalttätig (siehe Angstbewältigung und Trailübungen). Diese Zermürbungstaktik im Sinne von »steter Tropfen höhlt den Stein« ist Ihre einzige Chance, wenn das Pferd sich weigert, einer Forderung von Ihnen nachzukommen. Sie dürfen nicht aufgeben und sollen sich nicht aufregen – seien Sie also sturer als Ihr Pferd. (Im Übrigen: Für einen unbedarften Zuschauer kann eine solche Störaktion – z.B. durch wiederholtes hartes Rucken am Halfter – ganz schön brutal und gewalttätig aussehen – aber sie wird vom Pferd richtig interpretiert und verstanden –

und nur auf artgerechte, verständliche Kommunikation mit dem Pferd kommt es an.)

Bleibt noch der letzte Begriff »leicht«

Ist Reiten leicht zu erlernen, ist der Umgang mit dem Pferd immer leicht?
Auch hier wieder als Antwort erst einmal ein Nein.
Das Wesen des Pferdes und seine Anatomie richtig zu verstehen und die »Technik« des Reitens zu erlernen ist mehr oder weniger harte und vor allem konzentrierte Arbeit (siehe oben). Dass eine solche Arbeit Spaß machen kann, steht außer Frage, sonst gäbe es nicht so viele Reiter. Doch leicht im Sinne von einfach ist es nicht. Und wer

behauptet, man brauche nur mit dem Pferd spielen, um ihm alles Nötige beizubringen, der verdreht schlicht und einfach die Tatsachen. Zur Mitarbeit motivieren müssen Sie Ihr Pferd: Das geht manchmal über spielerische Übungen – manchmal aber auch nicht. (Und wenn es nicht geht, müssen Sie andere Methoden in der Trickkiste haben.)

Was der Begriff leicht vielmehr ausdrücken soll ist das Erreichen einer gewissen Leichtigkeit in der Zusammenarbeit und Verständigung zwischen Reiter und Pferd – einer Feinabstimmung zwischen beiden die fast an Telepathie grenzt – ohne deutlich sichtbare Hilfen, ohne Gezerre im Maul und ohne Hilfs-

Elegantes Reiten ist keine Frage der Reitweise.

Freie Arbeit sieht oft spielerisch aus, beruht aber auf einer gewonnenen Auseinandersetzung um die Rangfolge.

zügel. Nur: Diese Leichtigkeit ist das Ziel der Ausbildung und nicht ihr Beginn und sie erfordert von Seiten des Ausbilders überlegtes Handeln, logisch aufeinander aufbauende Ausbildungsschritte und dementsprechend eine ganze Menge Können, Wissen und Erfahrung.

Auf den Begriff Logik

möchte ich zum Ende dieser kurzen Abhandlung noch einmal eingehen: Reiten, die Hilfengebung und auch die Pferdeausbildung beruhen auf einem logischen System. (Logik im mathematischen Sinne von folgerichtig innerhalb eines geschlossenen Systems.) Sie können mit einem guten Grundlagenwissen und dem sicheren Verständnis von Psyche und Anatomie des Pferdes

Reitstile und Methoden mischen, sich aus vielen unterschiedlichen Bereichen Sinnvolles heraussuchen und daraus Ihr eigenes System entwickeln – doch es muss in sich stimmig und logisch sein. Überdenken Sie dementsprechend alle Hilfen und Lektionen, die Sie Ihrem Pferd beibringen immer hinsichtlich Folgerichtigkeit, Deutlichkeit und Einordnungsmöglichkeiten in Ihr eigenes Gesamtsystem, nach dem Sie mit dem Pferd arbeiten wollen. Das gilt für das Reiten und die Bodenarbeit gleichermaßen.

Und nun viel Spaß an der Arbeit und an Ihrem Pferd ...

Vorbereitung des Pferdes am Boden

Verständigungsgrundlage

Die ausführliche Vorbereitung des Pferdes am Boden auf seine Aufgaben als Reitpferd schafft eine solide Verständigungsgrundlage. Das Pferd lernt »Vokabeln«, nämlich verbale und körpersprachliche Kommandos des Ausbilders. Es wird erzogen, gymnastiziert und konditioniert ohne dabei schon mit dem Gewicht des Reiters belastet zu werden. Es akzeptiert schließlich seinen späteren Reiter als Vertrauens- und Respektsperson – als Alphatier – und reagiert auf seine (Körper)signale. Es folgt ihm, weicht rückwärts oder seitwärts aus,

stoppt oder trabt an. Kurz: Es läßt sich steuern und kann so weitestgehend kontrolliert werden. Mit dieser Kontrolle ist ein wesentlicher Schritt getan, um auch dem späteren Reiter sein »flaues Gefühl im Magen« zu nehmen, wenn er sich das erste Mal in den Sattel schwingt. Das Pferdeverhalten wird für ihn berechenbarer. Das Anreiten selbst wird sicherer – das Verletzungsrisiko für Pferd und Reiter wird minimiert.

Ein netter Nebeneffekt der Bodenarbeit mit ihren Gehorsams- und Gewöhnungsübungen ist, dass auch das leider oft übliche »Gezerch«

beim Verladen, beim Schmied oder Tierarzt, beim Abspritzen oder bei der Wurmkur von Anfang an unterbunden wird. Das Pferd lernt, sich anständig zu benehmen.

Kontrolle – Respekt – Vertrauen
Das Pferd lernt, sich zu benehmen

Die drei Begriffe Kontrolle, Respekt und Vertrauen stehen untrennbar miteinander in Beziehung. Kann der Reiter das Pferd nicht kontrollieren, so hat dieses keinen Respekt vor ihm und kann deswegen auch kein Vertrauen zu ihm aufbauen. Im Gegenzug entwickelt der Ausbilder mehr oder weniger Angst vor dem Pferd, weil er sich der Tatsache bewusst ist, dass er es nicht kontrollieren kann.

Das Pferd spürt nun sehr schnell die Angst seines Ausbilders, vertraut ihm noch weniger und entzieht sich so immer mehr seiner Kontrolle bzw. nimmt ihn einfach nicht ernst genug, um ihm zu gehorchen.

Somit ist ein negativer Kreislauf (Angst = Unsicherheit des Ausbilders > Kontrollverlust > Vertrauensverlust des Pferdes > noch mehr Angst von Pferd und Ausbilder) in Gang gesetzt, der nur durch ein konsequenteres und autoritäreres Auftreten des Ausbilders unterbrochen werden kann. Leicht gesagt und schwer getan – denn der Aus-

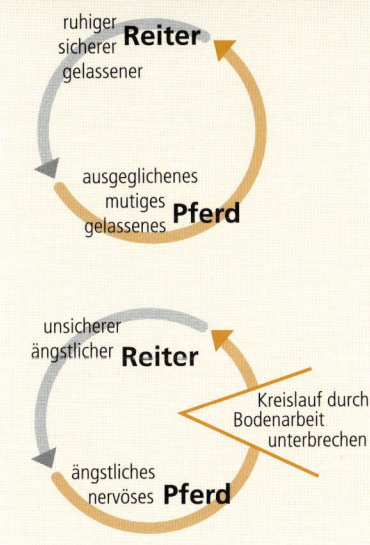

bilder kann sein Verhalten nur ändern, wenn er sich seine Unsicherheiten und Ängste bewusst macht (siehe Kapitel Angst und Angstbewältigung).

Der positive Kreislauf, der in Gang gesetzt werden soll, heißt hingegen: Sicherheit und Autorität des Ausbilders > Respekt und Vertrauen des Pferdes > Vertrauen des Reiters in das Pferd und in seine eigenen Kontrollfähigkeiten > Harmonie durch Festigung des Vertrauens von beiden Seiten.

Antiautoritär – nein danke!

Autorität ist etwas Positives – auch wenn die Verfechter der antiautoritären Erziehung das anders gesehen haben. In der Beziehung zwischen Reiter und Pferd ist sie (als Grundlage für eine sichere Kontrolle des Pferdes) lebenswichtig. Als antiautoritärer »Reiter von Pferdes Gnaden« leben Sie äußerst gefährlich, denn in jeder brenzligen

Situation kann Ihnen das Pferd aus der Kontrolle geraten.

Dass Sie ein Pferd keineswegs unterjochen, wenn Sie autoritär handeln, zeigt das Verhalten von Pferden in der Herde. Jede Herde ist streng hierarchisch aufgebaut.

Es gelten die folgenden Regeln:

1. Das ranghöhere Pferd darf nicht vom rangniederen überholt werden. Im Fluchtfall ist das wichtig, damit die Herde zusammenbleibt und nicht in alle Richtungen auseinander stiebt. Oft läuft eine ranghohe Stute (die Leitstute) an der Spitze der Herde. Ranghöhere Pferde ahnden Übergriffe von Rangniederen meist ziemlich grob mit Tritten und Bissen.

2. Ein ranghohes Pferd kann jedes rangniedere von seinem Platz vertreiben – von Futter oder Wasser weg oder ohne Grund aus einer Laune heraus.

3. Das ranghöchste Pferd (der Leithengst) kann alle rangniederen auch von hinten treiben (und dabei deren Laufrichtung vorgeben – somit kann er auch eine von der Leitstute vorgegebene Richtung korrigieren).

4. Die ranghohen Pferde sind für den Schutz der Herde zuständig – rangniedere Pferde haben deswegen nicht nur Respekt vor ihnen, sondern vertrauen ihnen auch. Sie folgen ihnen in angstauslösenden Situationen bzw. weichen in bestimmte Richtungen aus, wenn es von ihnen gefordert wird.

Diese vier Haupt-Verhaltensregeln der Herde gelten gleichermaßen für die Beziehung zwischen dem Reiter/Ausbilder und dem Pferd. Der Mensch kann das Verhalten von ranghohen Pferden imitieren und sich so Respekt, Vertrauen und daraus resultierend Gehorsam verschaffen. Das Pferd – vor allem das junge, unerfahrene – fühlt sich sicher und wohl unter einem autoritären Ausbilder. Und wenn Sie ihm einmal zur Strafe einen Tritt in die Rippen versetzen, tun Sie nichts anderes als ein Herdenmitglied, was einen Rüpel in seine Schranken verweist. Strafen Sie jedoch niemals unbegründet oder in einer dem Pferd nicht verständlichen Weise (z.B. zu spät oder nicht folgerichtig). Verwechseln Sie Autorität niemals

Fixierung auf den Ausbilder – der Mensch muss die volle Aufmerksamkeit des Pferdes haben.

mit despotischer Willkür. Autorität entsteht aus Sicherheit, aus Vertrauen in die eigenen Fähigkeiten und beinhaltet reflektiertes und vor allem konsequentes Verhalten. Ein Reiter, der (bewusst oder unbewusst) Angst vor seinem Pferd hat,

besitzt niemals Autorität, ein inkonsequenter Reiter, der dem Pferde heute etwas erlaubt und es ihm morgen verbietet, genauso wenig. Er gleicht damit einem Kaiser Nero, der seine nicht vorhandene Souveränität hinter willkürlichen unsin-

nigen Aktionen versteckte, um nach außen hin Macht zu demonstrieren. Solche Macht-Spielchen mögen bei anderen Menschen eine Zeitlang funktionieren – bei Pferden funktionieren sie nicht. Ein Pferd reagiert viel sensibler auf Unsicherheiten, Inkonsequenz und »Charakterschwäche« als die meisten Menschen. Die Quittung für eigene Unzulänglichkeiten bekommen Sie mit einem ungezogenen, aufsässigen oder sogar gefährlichen Pferd.

Fixierung auf den Ausbilder – Minimierung der Signale

Bei richtiger Arbeit mit dem Pferd am Boden stellt sich mit der Zeit eine mehr oder weniger ausgeprägte Form der Fixierung des Pferdes auf den zukünftigen Reiter ein. Es achtet sehr aufmerksam auf die Signale des Menschen, ist bemüht ihn nicht aus den Augen zu verlieren und glotzt nicht unaufmerksam in der Gegend herum. Nur aus dieser Einstellung heraus ist schließlich eine harmonische Zusammenarbeit möglich, denn nur dann muss der Ausbilder nicht dauernd am Pferd herumzerren und -reißen, um es auf sich und seine Wünsche aufmerksam zu machen. Bei jeder Art von Ausbildung des Pferdes – am Boden und unter dem Reiter – geht es immer darum, die Sichtbarkeit der Hilfen und den Kraftaufwand dafür zu minimieren. Die Fixierung auf den Reiter/Ausbilder ist der erste Schritt dazu.

An dieser Stelle ist es für die weitere Ausbildung sowohl an der Hand als auch unter dem Reiter sinnvoll, einen kleinen Exkurs in Sachen »Zuckerbrot und Peitsche« einzuschieben:

Besonders beim unerfahrenen Pferd ist es im Hinblick auf die in der Ausbildung notwendige Konsequenz unabdingbar, sorgsam mit den Erziehungsinstrumenten Lob und Tadel, sprich mit Belohnung

Stärkere Fixierung durch Bodenarbeit: Das Pferd folgt den Bewegungen der Ausbilderin.

und Strafe, umzugehen. Ungerechte Strafe, aber auch Belohnung im falschen Moment machen Ihnen unter Umständen schnell einige Wochen Arbeit zunichte.

Exkurs: Belohnung und Strafe

Lohn und Strafe – oder anders gesehen: Etwas Angenehmes oder etwas Unangenehmes, welches mit bestimmten Verhaltensweisen verknüpft wird – sind die treibenden Kräfte, die das Pferd dazu bringen Dinge zu tun oder zu lassen. Um sie sinnvoll einsetzen zu können, müssen Sie wissen, was das Pferd als Lohn oder Strafe empfindet. Hüten Sie sich davor, das Pferd dabei nach menschlichen Kriterien zu beurteilen.

Freundliche Behandlung schafft Vertrauen.

Handeln Sie dem Pferd gegenüber:
freundlich
Pferde sind von Natur aus freundlich und vertrauensvoll dem Menschen gegenüber – enttäuschen Sie sie nicht. Verwechseln Sie Freund-

lichkeit jedoch nicht mit Schwäche oder Nachsichtigkeit; hat sich das Pferd definitiv »daneben benommen«, so zeigen Sie ihm das auch deutlich.
gerecht
Lassen Sie nicht Ihre schlechte Laune am Pferd aus und provozieren Sie keine Schwierigkeiten durch Inkonsequenz oder widersprüchliche Hilfen. Jähzorn und Wut (das heißt unverhältnismäßig heftige Reaktionen) sind Verhaltensweisen, die im Umgang mit Pferden nichts verloren haben.
bestimmt
Wenn Sie etwas vom Pferd fordern, dann verleihen Sie Ihrer Forderung Nachdruck; denken Sie nie »vielleicht« sondern immer »ich will«. Zweifeln Sie innerlich nie

daran, dass Sie Ihren Willen durchsetzen können. »Freundliche Sturheit« führt dabei oft zum Ziel.

schnell

Beobachten Sie die Reaktionen Ihres Pferdes sehr genau und reagieren Sie prompt und bestimmt, immer sofort und nicht erst fünf Minuten später. D.h. strafen Sie sofort und loben Sie sofort. Andernfalls kann das Pferd Sie und Ihre Handlungen nicht verstehen.

bewusst

Seien Sie sich Ihres eigenen Verhaltens und Ihrer Körpersignale bewusst und lassen sich nötigenfalls sowohl bei der Bodenarbeit als auch im Sattel von Reiterkollegen beobachten/filmen und evtl. korrigieren. Nur dann können Sie beurteilen, ob Sie einen Fehler des Pfer-

des verursacht haben oder ob das Pferd Sie austestet – nach dem Motto: »Woll'n wir doch mal sehen, ob sie/er das auch ernst meint ...«.

Und nun zum eigentlichen Thema:

Sinnvolle Belohnungen
1. Futter

Kleine Leckerbissen sind für viele Pferde als Belohnung sinnvoll. Stopfen Sie jedoch das Pferd nicht einfach dauernd damit voll, sondern setzen Sie sie gezielt ein – für einen Anfangs-Erfolg bei neuen Übungen oder für eine besonders gute Reaktion bei einer alten Übung. Achten Sie darauf auch noch anderes Lob (Stimme, Kraulen siehe ff.) einzusetzen, sodass das Pferd nicht verunsichert ist, wenn es für eine gut

Ein Leckerli fürs ruhige Stehenbleiben ...

ausgeführte Lektion kein Leckerli mehr bekommt. Verhindern Sie auf jeden Fall, dass das Pferd Belohnungen von sich aus einfordert, also z.B. in Ihren Taschen stöbert. Solche Aufdringlichkeiten können böse enden, weil sie Ihre Autorität untergraben. Im schlimmsten Fall hält sich das Pferd für ranghöher, weil es Ihnen das Futter abgejagt hat.

2. Entspannungspausen

Eine Entspannungspause nach einer neuen – spannenden (d.h angstbesetzten oder sehr anstrengenden) – Lektion ist oft eine sinnvollere Belohnung als Futter. Geben Sie dem Pferd Zeit, die vorangegangene Übung zu verdauen und lassen es einfach ein paar Minuten ruhig stehen. Es gilt: Entspannung = Wohlbefinden = Belohnung.

3. Sicherheit durch Ruhe

Die Ruhe des Ausbilders gibt dem Pferd Sicherheit. Es gilt: Ruhe = Sicherheit = Wohlbefinden = Belohnung. Bewegen Sie sich aufrecht souverän und gezielt, lassen Sie die Schultern nicht hängen, ziehen Sie das Genick nicht ein und schauen Sie in die Richtung, in die Sie gehen (am Boden wie auch beim Reiten: Blickrichtung = Bewegungsrichtung). Vermeiden Sie hektisches, ungezieltes Herumwuseln um das Pferd, eine schrille hohe Stimme oder dauerndes Herumschreien. Setzen Sie Ihre eigenen Körpersignale wohldosiert ein, wie auch die Leckerbissen. Es gibt Pferde, die gewöhnen sich zwar an hektische Ausbilder, doch setzen Sie auf Dauer die Reizschwelle des Pferdes mit dem hektischen Getue hoch – was im Sinne der langfristig angestrebten Minimalisierung der Hilfen nicht wünschenswert ist.

3. a. die Wirkung der beruhigenden oder ermunternden Stimme

ist den meisten hinreichend bekannt. Pferde reagieren sehr empfindlich auf die Tonlage, die Ihnen den emotionalen Zustand des Ausbilders verrät (Angst, Unsicherheit oder Souveränität drücken sich auch in der Stimme aus). Leises Zureden mit tiefer dunkler Stimme und lang gezogenen Vokalen wie A, O, U gilt Pferden als Lob bzw. Beruhigung.

4. Arttypisches – angenehmes – Verhalten imitieren

Kraulen Sie das Pferd am Mähnenkamm oder hinter den Ohren und imitieren Sie damit die Fellpflege untereinander. Reiben Sie den Hals kräftig – das mögen die Pferde oft lieber als das Klopfen. Pusten Sie es in die Nüstern oder legen Sie ihm einen Arm über den Hals und imi-

tieren damit das beschützende Verhalten einer Pferdemutter ihrem Fohlen gegenüber. Kratzen Sie es oder verscheuchen Sie Fliegen während der Arbeit. Achten Sie darauf, was das Pferd als angenehm emp-

findet und wo es evtl. kitzelig und ungnädig reagiert. Jedes Pferd hat andere Punkte, an denen es gerne gekrault werden möchte bzw. kitzelige Stellen, die für eine Belohnung nicht in Frage kommen.

Verständliche Strafen

Prinzipiell gilt: Konsequentes Handeln und eine leichte Strafe zur richtigen Zeit zeigen dem Pferd seine Grenzen – und vermeiden härtere Strafen. Kennt das Pferd seine Grenzen nicht, weil Sie ihm heute etwas verbieten, was Sie ihm morgen durchgehen lassen, so müssen Sie mit der Zeit zu immer härteren Strafmaßnahmen greifen, weil das Pferd Sie nicht ernst nimmt und immer erst austestet, was es sich heute bei Ihnen herausnehmen

Ein harter Ruck auf die Nase ist eine artgerechte Strafe ...

1. Die laute Stimme

Kurze harte Lautfolgen, ein knappes »Nein« oder »Lass das« reichen den meisten Pferden als Ermahnung. Wenn das nichts nutzt, greifen Sie zu körpersprachlichen Signalen. Setzen Sie die Stimme nicht zum dauernden Herumschreien ein – damit stumpfen Sie das Pferd darauf ab.

2. Die Haltung / der Ausdruck Ihres eigenen Körpers

Deutliches Aufrichten des Oberkörpers, das Hochnehmen der Arme, der Einsatz einer Armverlängerung mit einer wedelnden Gerte oder einem kreisenden Seilende flößen dem Pferd Respekt ein (auch ein steigender Hengst macht sich größer), verleihen Ihren Bewegun-

kann. Pferde mit starker Persönlichkeit werden auf diese Weise leicht zu einer Gefahr für den Menschen. Eine sinnvolle Strafe ist immer bewusst (d.h. überlegt), emotionsfrei und prompt. Eine zu späte oder zu harte Strafe versteht das Pferd nicht und empfindet sie als ungerecht. In manchen Fällen kann eine reflexhafte Strafe sinnvoll sein, weil dem Ausbilder keine Zeit bleibt, lange zu überlegen. Doch auch einen Reflex kann man antrainieren, indem man (Erfahrung vorausgesetzt) bestimmte Situationen im Kopf bildhaft durchspielt und sich die angemessene Reaktion praktisch zurechtlegt.

gen »Schärfe« und reichen oft schon als Warnung, um unerwünschtes Verhalten im Ansatz zu unterbinden.

3. Störaktionen mit Gerte, Peitsche, Seilende ...

Müssen Sie deutlicher werden, so können Sie Gerte und Peitsche auch einmal für einen Schlag einsetzen – keinesfalls jedoch für ein Verprügeln des Pferdes. Das Pferd darf keine Angst vor diesen Instrumenten bekommen, denn Sie brauchen sie später als Reichweitenverlängerung Ihrer Arme für viele Hilfen unter dem Sattel und am Boden. Sie können auch ein Seilende kreisen lassen und dem Pferd gegen den Körperteil klatschen, der z.B. ausweichen soll (ein mehrfach wiederholter kurzer Gertenimpuls

tut ähnliche Dienste). Das soll im Allgemeinen nicht weh tun, sondern das Pferd einfach nur nerven und es dazu bringen, das zu tun, was Sie von ihm wollen. Das funktioniert nach Art der Zermürbungstaktik: Steter Tropfen höhlt den Stein – das momentane Verhalten soll dem Pferd unangenehm gemacht werden. Die Methode ist jedoch nicht für ein schnelles Zurechtweisen des Pferdes gedacht, sondern eher für ein langfristiges Durchsetzen der eigenen Forderungen, also nur bedingt als Strafe einsetzbar.

4. Ruck oder Seitwärtsimpuls am Halfter oder Sidepull

Der Kopf ist die empfindlichste Stelle des Pferdes. Rucken Sie hart am Halfter, so gibt das einen unangenehmen Impuls auf Genick und/

oder Nase des Pferdes. Durch Einsatz eines dünnen Strickhalfters verstärken Sie die Wirkung noch. (Achten Sie darauf, das Halfter so anzupassen, dass kein Teil des Halfters in die Augen des Pferdes gerät.) Eine weitere Verstärkung ist durch eine Führkette möglich. Setzen Sie diese Strafe z.B. ein, wenn das Pferd (beim Führen) an Ihnen vorbeistürmen will. Unter dem Sattel können Sie auch einmal am Sidepull oder Bosal (nicht an der Trense) einen solchen starken Impuls geben, wenn das Pferd davonstürmt. Bei diesem »Herumzerren« wird das Pferd jedoch im Allgemeinen den Kopf hochreißen und auf diese Weise dagegen protestieren. Am Boden ist das für uns als Ausbilder ungefährlich, unter dem Sattel kann so ein Sterngucker jedoch ganz schön unangenehm werden, weil er sich in diesem Moment unserer Kontrolle völlig entzieht. Geben Sie den Impuls stark zur Seite, dann vermeiden Sie mit etwas Glück und Technik das Hochreißen des Kopfes. Das »Doubling« des auf Bosal angerittenen Westernpferdes bedient sich dieser Seitwärtstechnik. Doch ist es meiner Ansicht nach »gesünder« für den Reiter, Machtkämpfe dieser Art am Boden auszutragen.

5. Imitation artspezifischer Strafen

Schauen Sie sich ab, wie Pferde in der Herde mit einem rüpeligen Artgenossen umgehen, der seine Kompetenzen überschritten hat. Ein Huftritt ist leicht durch einen Tritt Ihrerseits zu imitieren. Ein Biss durch ein Knuffen mit dem Ellbogen. Es mag recht roh aussehen, wenn Sie Ihr Pferd in die Rippen treten, weil es Sie z.B. übel angerempelt hat, doch Ihr Pferd kann diese Art von Strafe gut einordnen, weil es seinem natürlichen »Wortschatz« entspricht; und so fest wie ein anderes Pferd können Sie gar nicht zutreten. Solche Strafen sollten nur recht selten notwendig sein – das Pferd wird schnell auf Ihre Signale achten, wenn es artgerecht zurechtgewiesen wird. Wer sein Pferd dauernd in dieser Weise behandeln muss, macht etwas falsch.

Ablenkungsmanöver

Oft – besonders bei so genannten schwierigen Pferden oder Korrekturpferden – ist es sicherer für Sie als Ausbilder, wenn Sie ein Pferd nicht strafen sondern ablenken. Einen angriffslustigen Hengst mit der Peitsche zu strafen, kann lebensgefährlich sein. Eine Strafe, die das Pferd nicht hinnimmt sondern sich dagegen wehrt, führt nur zu immer härteren Strafen und macht ein schwieriges Pferd nur noch aufsässiger. Vermeiden Sie Konfrontationen mit dem Pferd, ohne »das Gesicht zu verlieren«. Lassen Sie also das Pferd nicht »denken«, es hätte gewonnen, sondern lenken Sie eine Übung, die zu entgleisen droht, in eine Richtung, von der Sie wissen, dass sie dem Pferd leichtfällt oder Spaß macht. Je nach Situation modifizieren Sie ein Rückwärtssignal z.B. in ein Seitwärtsausweichen.

Eine gute Kinderstube – Erziehen Sie Ihr Pferd

1. Stufe:
Es beginnt mit dem Führen:

Ein Pferd zu führen ist ja wohl das einfachste der Welt, hat sicher schon so mancher gedacht – so lange, bis ihm das erste Mal ein Pferd dabei auf dem Fuß stand. Oder ihn so unsanft angerempelt hat, dass er selbst im Dreck landete. Spätestens da hört der Spaß auf und der entschuldigende Ausruf »Ach der ist halt noch so jung und ungestüm« kommt eher zwischen zusammengebissenen Zähnen hervor.

Fakt ist, dass das Pferd – auch und gerade der junge Halbstarke – sich eines mittelschweren Vergehens schuldig gemacht hat, wenn es Sie

Nase des Pferdes neben der Schulter

Ausbilder vor dem Pferd

Führen von hinten: ist der Position auf dem Pferd ähnlich

Verschiedene Führpositionen.

umrennt. In der Herde würde ein älteres, ranghöheres Pferd einen solchen Verstoß gegen die Rangordnung mit einem kräftigen Tritt honorieren. Das können Sie auch tun. Und sinnvollerweise, bevor Ihnen etwas passiert ist.

Erziehen Sie Ihr Pferd also beizeiten zu einem »vornehmen« Pferd, welches Abstand hält und Ihnen nicht unziemlich nah auf den Leib rückt.

Bei den folgenden Grundregeln zum Führen ist es völlig unwesent-

Führen will gelernt sein ...

lich, wie alt das Pferd ist. Jedes Absatzfohlen kann und sollte schon lernen, sich anständig führen zu lassen.

Sie sind derjenige, der führt.
Lassen Sie sich nicht von Ihrem Youngster durch die Gegend ziehen, wie man es so oft bei Hundebesitzern sieht, die sich dauernd gegen das Interesse ihres Hundes an dieser oder jener Ecke stemmen müssen. (Leider sieht man auch genug Pferdebesitzer, die mehr oder weniger elegant von Ihrem Pferd am Halfter hinterhergezogen werden oder deren Pferde sich mit langem Hals hinterherschlurfend ziehen lassen.)

a. Das Pferd darf nicht an Ihnen vorbeidrängeln

Es soll sich mit dem Kopf hinter Ihrer rechten Schulter befinden wenn Sie auf seiner linken Seite gehen. Wenn Sie Linkshänder sind, können Sie genauso gut auf der anderen Seite führen. Die alte Regel, dass ein Pferd immer rechts neben dem Ausbilder zu gehen hat, stammt aus Militärzeiten und hat hauptsächlich den Sinn, ein einheitliches Bild abzugeben. Ein kleiner Trick ist jedoch auch dabei; da die meisten Reiter rechtshändig und die meisten Pferde linkshändig (d.h. links besser zu biegen sind) bietet diese Konstellation bessere Kontrolle beim Führen. Der Mensch hat in der rechten Hand mehr Kraft und das Pferd lässt sich eher nach links wenden, wenn es einen Satz nach vorne – am Ausbilder vorbei – machen sollte. Da wir aber unser Pferd »anständig« nach den natürlichen Regeln der Herde erziehen wollen, können wir auf diese Art von Vorteil meist verzichten.

Solange das Pferd in der oben beschriebenen Weise seitlich versetzt hinter Ihnen herläuft, ist alles o.k. Was aber, wenn es das nicht tut? Angenommen, es hat eigene Vorstellungen von Tempo und Richtung und drängelt an Ihnen vorbei. Mit der Drängelei verletzt es deutlich Ihre »Privatsphäre« und das dürfen Sie sich nicht gefallen lassen. In leichten Fällen reicht ein harter Ruck am Halfter, um das Pferd an seinem Vorhaben zu hindern. Dazu sollte jedoch vorher der Führstrick nicht angespannt sein. Der Impuls muss ruckartig und plötzlich kommen. Hilft das nichts, so »bewaffnen« Sie sich am besten mit einer Gerte und klatschen dem Pferd damit vor die Brust, wenn es an Ihnen vorbeidrängelt. Sie können

auch Ihre Ellbogen benutzen – doch dazu müssen sie recht dicht ans Pferd heran und laufen so Gefahr, von ihm umgerannt zu werden. Das Gertensignal bietet also für Sie mehr Sicherheit. Manchmal genügt es auch, dem Pferd mit der Gerte oder einem erhobenen Arm vor der Nase herumzuwedeln (nicht schlagen). Das sollte jedoch keinesfalls zum Dauerzustand beim Führen werden.

Hilft alles nichts, können Sie auch eine Führkette benutzen. Achten Sie jedoch beim Gebrauch der Führkette immer darauf, dass sie nach einem harten Ruck wieder locker um die Nase des Pferdes liegt und sich nicht festgezogen hat. Lassen Sie sich bei diesen Übungen nie auf einen Ziehkampf mit dem

So liegt die Führkette richtig.

Pferd ein – den können Sie auf Dauer nur verlieren. Stemmen Sie nicht die Beine in den Boden und sich nicht mit Ihrer Schulter gegen die des Pferdes, um es zu halten, wie man es oft sieht. Arbeiten Sie immer mit der Pull-and-Slack-Methode – also Annehmen – Nachgeben – Annehmen, wie auch bei richtig gegebenen Zügelsignalen. Das einzelne Annehmen kann und soll ruhig hart sein, damit das Pferd das Signal ernst nimmt und auch den Slack, das Nachgeben als angenehme Belohnung empfindet. Wenn das Pferd an Ihnen vorbeigeschossen ist, reißen Sie mit einem harten Ruck seinen Kopf zu sich herum, damit es Sie nicht hinterherzerrt. Wenn es steht, manövrieren Sie sich wieder in die Position vor seinem Kopf und beginnen von Neuem.

Nun gibt es jedoch auch Pferde, die an der Hand gar nicht erst mitkommen wollen. Sie stehen wie ein Sägebock und Sie können am Kopf so viel ziehen, wie Sie wollen – und erreichen doch nur einen langen Hals statt eines Vorwärtsschrittes. Bei diesen Pferden ist der Einsatz einer langen Gerte sinnvoll, mit der Sie die Hinterhand antippen, wenn Sie selbst vorwärtsgehen. Etablieren Sie dabei eine Stimmhilfe wie »Komm mit« oder ähnliches. Bei Fohlen hat sich auch eine Art »Seilgeschirr« bewährt, welches zusätzlich von hinten auf die Hinterhand drückt, wenn Sie vorne am Kopfteil ziehen.

Gibt es größere Schwierigkeiten mit dem Mitkommen, so arbeiten Sie nach den Methoden, wie sie nachfolgend im Ausweichtraining beschrieben werden. Dort lernt das Pferd unter anderem einem Druck bzw. Zug nachzugeben. Hat das Pferd seinen Platz schräg hinter dem Ausbilder beim Führen im Schritt akzeptiert, so können Sie weitere Übungen zum Festigen des Gelernten anschließen.

b. Das Pferd soll stehen bleiben, wenn Sie stehen bleiben

Sie führen das Pferd im Schritt und bleiben plötzlich stehen. Verbinden Sie das Stehenbleiben mit einem verbalen Kommando wie »Ho« oder »Halt«. Damit etablieren Sie gleich eines der wichtigsten verbalen Kommandos, das Sie später noch dringend brauchen werden. Das Pferd soll den Abstand zwischen sich und Ihnen nicht verringern, wenn Sie stehen bleiben. Läuft es auf Sie auf, stupst Sie mit der Nase an die Schulter oder läuft unbeeindruckt an Ihnen vorbei, so gibt es wieder den Ruck auf die Nase oder das Gertensignal. Das Pferd lernt schnell, dass es unangenehme Auswirkungen hat, wenn es nicht auf Sie und Ihre Bewegungen achtet.

c. Wendungen

Führen Sie große und kleine Wendungen nach rechts und links, halten Sie ab und zu an und achten Sie darauf, dass das Pferd immer gleichen Abstand zu Ihnen behält.

d. Führübungen im Trab

Üben Sie das Ganze auch im Trab. Das fördert Aufmerksamkeit und Interesse des Pferdes (und Ihre eigene Kondition). Zum Beispiel: Anhalten aus dem Schritt – Antraben – eine Volte im Trab nach links – Zurücknehmen des Tempos in den Schritt – Anhalten – Schritt – Volte im Schritt nach rechts – Antraben – Anhalten. Und so fort. Das Anhalten aus dem Trab beim Führen hat eine gymnastizierende Nebenwirkung für die Hinterhand des Pferdes – es muss diese nämlich stark untersetzen, um rechtzeitig reagieren zu können. Ich rede in diesem frühen Stadium der Ausbildung von Nebenwirkung, weil hier erst einmal der Gehorsam und der Vertrauensaufbau im Vordergrund stehen. Später in der Ausbildung unter dem Reiter wird diese Nebenwirkung, nämlich die Kräftigung der Hinterhand, zum zentralen Thema. Will das Pferd Ihnen anfangs nicht folgen, wenn Sie »antraben«, dann benutzen Sie die (lange) Gerte oder eine handliche kleine Peitsche an der Hinterhand des Pferdes – aus dem Handgelenk, so wie Sie auch eine Gertenhilfe als Reiter auf dem Pferd geben würden. Und etablieren Sie bei dieser Übung das verbale Kommando für Trab – als Vorbereitung fürs Longieren.

e. Rückwärts

Klappen die Übungen a–d, so können Sie sich ans Rückwärtsrichten wagen.

Soll das Pferd auf Ihre Signale hin rückwärts gehen, so erfordert dies schon ein gefestigtes Grundvertrauen des Pferdes in Sie als seinen Ausbilder, denn es muss sich darauf verlassen können, dass Sie es nicht »ins Verderben« schicken. Da das Pferd direkt hinter sich nichts sehen kann, muss es den Ausbilder für sich sehen lassen. Nicht nur beim Reiten, sondern auch bei der Bodenarbeit gilt somit das Rückwärtsrichten als Gradmesser für Gehorsam, Vertrauen und Durchlässigkeit des Pferdes.

Durchlässigkeit ist eigentlich ein Begriff aus der klassischen Ausbildungsskala unter dem Reiter. Er meint prinzipiell nichts anderes als das prompte Befolgen der Hilfen (wenn das auch später unter dem Reiter in etwas komplizierteren Zusammenhängen abläuft). Deswegen spielt er auch in diesem frühen Stadium des Führtrainings schon eine Rolle.

Hat das Pferd sich an seine Position hinter der Schulter des Ausbilders gewöhnt, so sollte es theoretisch auch dort bleiben, wenn Sie anhalten und ein paar Schritte rücwärts

Rückwärts ...

gehen. Um seinen Abstand zu Ihrer Schulter beizubehalten, muss es Ihnen nach hinten ausweichen. Praktisch kann es aber durchaus sein, dass es das noch nicht tut.

Dann müssen Sie etwas nachhelfen. Benutzen Sie die Gerte an der Brust des Pferdes oder an seinen Vorderfußwurzelgelenken. Nicht schlagen sondern nur wiederholt antippen. Oder lassen Sie die Gerte vor seiner Nase auf- und abpfeifen. Stellen Sie sich mit hoch erhobenen Armen oder Händen vor das Pferd und wedeln Sie vorwärtsgehend mit den Händen – es führen viele Wege nach Rom, respektive rückwärts.

Loben Sie das Pferd, wenn es den ersten Schritt rückwärts macht. Fordern Sie dann evtl. vorsichtig noch einen oder zwei Schritte und lassen es dann gut sein. Das reicht fürs Erste.

Etablieren Sie dabei die Stimmhilfe für rückwärts: z.B. »back« oder

»zurück«. Versuchen Sie nicht, das Pferd mit Ihrem eigenen Gewicht rückwärts zu schieben oder zu drücken oder am Halfter rückwärts zu ziehen. Es soll Ihnen (freiwillig) ausweichen und nicht mit Kraft weggeschoben werden. Wenn Sie bei solchen grundlegenden Gehorsamsübungen versuchen, mit Körperkraft zu arbeiten, führen Sie Ihre ganze Arbeit ad absurdum. Wir wollen schließlich, dass das Pferd lernt, auf minimale Signale unseres Körpers zu reagieren – sowohl am Boden wie später unter dem Reiter.

Macht das Pferd in der Phase des Führtrainings Schwierigkeiten mit

Das Pferd geht rückwärts, wenn der Ausbilder rückwärts geht.

dem Rückwärtsgehen, so können Sie es mit dem nun folgenden Ausweichtraining verbessern. Das Ausweichtraining ist die zweite Stufe der Bodenarbeit, sorgt für eine exaktere »Steuerung« des Pferdes und fördert die Fixierung auf den Ausbilder.

2. Stufe: Ausweichtraining

Das Ausweichtraining gründet sich hauptsächlich auf Regel 2 der Herdenordnung: Das ranghöchste Pferd kann jedes andere von seinem Platz vertreiben. Das rangniedere Pferd muss ausweichen.

Vertreiben Sie also Ihr Pferd von seinem Platz. Wenn es Ihnen gelingt sind Sie der Chef.

Das Join-Up von Monty Roberts funktioniert z.B. nach diesem Prinzip: Der Ausbilder scheucht das Pferd im Roundpen so lange von sich weg, bis es »darum bittet« zu ihm kommen zu dürfen (aus dem einfachen Grund, weil nur die Herde, in diesem Fall der ranghöhere Ausbilder Schutz bietet).

Eine einfache Probe Ihres Status kann auf der Weide oder auf dem Auslauf erfolgen. Angenommen, Ihr Pferd steht irgendwo dösend oder fressend herum. Gehen Sie bestimmten Schrittes auf es zu und treiben es weg. Machen Sie sich bei Bedarf größer, indem Sie Arme und Hände hoch halten und sich selbst aufrichten. Durch einen sehr straffen, aufrechten Gang mit erhobenem Kopf und forsche zielgerichtete Schritte verleihen Sie Ihrem Ansinnen den nötigen Nachdruck. Bewaffnen Sie sich notfalls mit einer Gerte, die Sie durch die Luft pfeifen lassen, oder mit einem Strick, den Sie kreisen lassen, um Ihren Bewegungen noch mehr »Schärfe« zu verleihen. Und kommen Sie dem Pferd nicht allzu nahe dabei: Ein Sicherheitsabstand in Huftrittweite ist zu empfehlen. Hat das Pferd nämlich noch wenig Respekt vor Ihnen, wird es entweder überhaupt nicht reagieren (was für Sie ungefährlich ist) oder es wird spät reagieren und vielleicht mit einem protestierenden Ausschlagen seinen Unmut kundtun. Dabei sollten Sie nicht getroffen werden. Wenn Sie mit eingezogenem Genick und hängenden Schultern langsam auf das Pferd zu »schlurfen«, brauchen Sie sich nicht zu wundern, wenn es Sie ignoriert. Es fehlt Ihnen in dieser Haltung einfach an Autorität. Ihre krumme Haltung drückt schlicht und einfach Unentschlossenheit und Zögern aus – was das Pferd mit einer fehlenden Reaktion quittiert.

Bei dieser Probe Ihres Status sollten Sie auf jeden Fall eine Reaktion des Pferdes erreichen – sonst haben Sie die erste Runde im »Rangordnungsspiel« verloren. Sehen Sie also zu, dass sich das Pferd von seinem Platz entfernt – wohin ist erst einmal unerheblich.

Ziele des Ausweichtrainings

Gelingt Ihnen das, so können Sie das eigentliche Training anschließen. Bei den aufbauenden Übungen geht es darum, dass das Pferd in eine von Ihnen vorgegebene Richtung ausweicht und dass Sie schließlich bestimmte Körperteile des Pferdes einzeln steuern können. Zusätzlich lernt das Pferd im Laufe des Trainings, einem Druck bzw. Zug nachzugeben, statt sich dagegen zu wehren. Die Übungen dienen dazu, Ihnen vermehrte Kontrolle über Bewegungen und Reaktionen des Pferdes zu geben. Sie fördern den Gehorsam und die Aufmerksamkeit des Pferdes auf Ihre Signale und dienen als Vorbereitung für die gymnastizierende Arbeit an der Longe bzw. für die freie Arbeit im Roundpen (die Roundpenarbeit muss bei »halbwilden« Pferden, die sich nicht anfassen oder führen lassen, an den Anfang vor das Ausweichtraining, gestellt werden – doch mit solchen Pferden hat der Freizeitausbilder in Deutschland so gut wie nie zu tun, deswegen wird in diesem Buch eine andere Reihenfolge beschrieben).

Ausweich-Richtungen

Das Pferd kann in 6 verschiedene Richtungen ausweichen:
1. nach vorne durch Vorwärts treiben bzw. Folgen (mit den Übungen für das Folgen lassen sich auch diverse Führprobleme – siehe vorangegangener Abschnitt – lösen)
2. zur Seite nach links
3. zur Seite nach rechts

2 und 3 beinhalten die Seitengänge des Pferdes sowie ein Ausweichen nur der Hinterhand oder nur der Vorhand bei einer Vor- oder Hinterhandwendung.
4. nach hinten durch Rückwärts gehen (eine Hilfestellung für even-

Manchmal geht es nicht ohne etwas Bewegung – nur die Vorhand soll ausweichen.

tuelle Rückwärts-Probleme beim Führen)

5. nach oben (z.B. durch Steigen)
6. nach unten (z.B. durch Hinlegen)

Richtungen 5 und 6 sind für die Grundausbildung zu vernachlässigen – sie können später für zirzensische Lektionen bedeutend werden. Wir werden in unserem Grundtraining mit den Richtungen 1 bis 4 vorlieb nehmen. Auch damit sind schon verblüffende Ergebnisse zu erzielen.

1.a. Nach vorne

Holen Sie das Pferd zu sich heran. Dazu stellen Sie sich mindestens 2 bis 3 m entfernt frontal vor das Pferd und schauen es an. Das Pferd halten Sie an einem langen Strick oder einer Longe. Es hat ein stabiles Half-ter am Kopf, welches nicht reißen und nicht verrutschen sollte, damit es die Augen des Pferdes nicht verletzt. Ein gut angepasstes Strickhalfter übt am meisten punktuellen – und damit unangenehmen – Druck auf das Genick des Pferdes aus. Ein breites Lederhalfter (oder auch ein Kappzaum) ist besser und rutschsicherer anzupassen. Mit was Sie am besten arbeiten, richtet sich nach dem Grad der Sturheit und danach, womit Sie selbst am liebsten umgehen, d.h. womit Sie sich sicher fühlen.

Fordern Sie nun Ihr Pferd auf zu Ihnen zu kommen, indem Sie Zug am Halfter und damit am Genick des Pferdes aufbauen. Unterstützen Sie den Zug mit der verbalen Hilfe »Komm her«, die Sie evtl. schon beim Führtraining etabliert haben. Manche Pferde werden sich nun sofort in Bewegung setzen und auf Sie zulaufen – vor allem die, welche gewohnt sind, öfter mal eine »kaubare Belohnung« zu erhalten. Bei solchen folgsamen Pferden werden Sie aber manchmal Schwierigkeiten haben, sich überhaupt ein paar Meter zu entfernen, weil sie Ihnen nachlaufen wollen.

Wenn Sie dem Pferd beim Führtraining schon eine verbale Hilfe für »Stehenbleiben« beigebracht haben, dann können Sie sie jetzt anwenden. Ansonsten müssen Sie das jetzt trainieren. Mit einem deutlichen »Ho« oder »Halt« und einem in Richtung des Pferdes ausgestreckten Arm entfernen Sie sich (rückwärtsgehend damit Sie das

Pferd im Auge behalten können) von ihm. Will es Ihnen folgen, gehen Sie wieder einen Schritt auf es zu und rucken mit einem weiteren »Ho« am Halfter. Das wiederholen Sie so lange bis das Pferd stehenbleibt.

Haben Sie es geschafft sich vom Pferd zu entfernen, lassen Sie es eine Weile stehen, gehen wieder zu ihm hin und entfernen sich erneut. Erst nach ein paar Übungen dieser Art fordern Sie es auf heranzukommen. Andernfalls kann es die ganze Prozedur nicht »sortieren«.

Variante: Nach vorne ziehen

Kommen wir zur zweiten Variante: Das Pferd denkt nicht daran, dem Zug am Halfter zu folgen und bleibt bockbeinig stehen. Dann handhaben Sie den Strick bzw. die Longe wie ein Gummiband: Bauen Sie Druck auf und verstärken ihn langsam. Bei dieser Übung dürfen Sie ausnahmsweise einmal wirklich ziehen – zur Not mit Ihrem ganzen Gewicht. Reagiert das Pferd nicht auf den verstärkten Zug, geben Sie leicht nach. Damit testen Sie ob sich das Pferd nur gegen den Druck zur Wehr setzt. Macht es nun einen Schritt auf Sie zu, loben Sie mit der Stimme und lassen es eine Weile ohne Anforderung stehen. Dann fordern Sie weitere Schritte auf Sie zu auf die gleiche Weise.

Bleibt es weiter bockbeinig stehen, verstärken Sie wieder den Zug am Halfter, geben wieder leicht nach, verstärken wieder usw. bis das Pferd die Faxen dick hat und dem Zug nach vorne folgt. Im Prinzip arbeiten Sie wie bei Paraden am Zügel, jedoch in den Anfangsphasen mit deutlich mehr Kraftaufwand. Das Pferd lernt schnell, dem Druck aufs Genick – dem Zug am Seil – zu folgen statt sich dagegen zu wehren. Dieses Nachgeben auf Druck werden wir im Verlauf der Ausbildung sowohl an der Hand als auch unter dem Reiter noch mehrfach dringend brauchen. Nicht nur im Kopfbereich sondern auch am Hals als Zügeldruck beim Anlegen des äußeren Zügels. Und am Bauch in Form des Schenkeldrucks.

Die Übung des Heranholens kann später mit der Übung »Rückwärts wegschicken« und mit Seitwärtsbewegungen kombiniert werden.

1.b. Nach vorne unten und zur Seite

Eine Sonderform der Übung »Heranholen« ist die Übung »Kopf tief«. Gehen Sie vor Ihrem Pferd in die Hocke und bauen Sie Druck auf das Genick des Pferdes auf. Arbeiten Sie wieder in der Gummiband-Manier und bringen damit die Nase des Pferdes schrittweise bis auf den Boden. Wenn Sie nicht vor Ihrem Pferd knien wollen können Sie auch mit der Hand von der Seite Druck auf das Genick ausüben und den Kopf mit Verstärkung und Verringerung des Drucks langsam herunterdrücken.

Der Sinn der Übung: Der Ausbilder ist in der Lage das Pferd »manuell« zu entspannen. Die tiefe Kopfhaltung entspannt den Rücken und

Die Übung »Kopf tief« ...

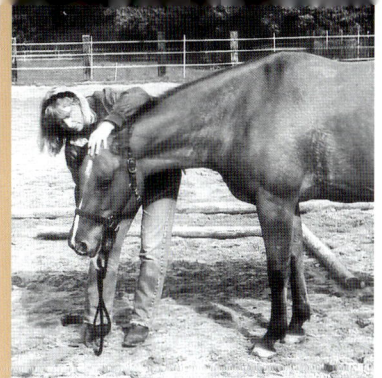

... auf zwei verschiedene Arten.

dient auch der psychischen Entspannung. Bei der natürlichen Alarmstellung hat das Pferd Kopf und Hals hoch erhoben und ist psychisch wie körperlich fluchtbereit. Die Forderungen des Ausbilders werden in diesem Zustand für das Pferd zweitrangig – die Aufmerksamkeit ist woanders, bei einer ver-

meintlichen Gefahr. Mit tiefem Kopf dagegen döst es normalerweise entspannt oder frisst und fühlt sich dabei sicher. Nur mit dieser entspannten Haltung ist es jedoch aufnahmefähig für feinere Signale des Ausbilders und in der Lage genug Aufmerksamkeit auf ihn zu richten. Die beiden Haltungen und emotio-

39

nalen Zustände des Pferdes sind untrennbar miteinander verbunden. Können Sie den Kopf des Pferdes aus der Alarmstellung in die Ruhestellung herunterbugsieren, so ändert sich damit auch der emotionale Zustand des Pferdes. Es wird ruhiger und damit für Ihre Hilfen empfänglich. Aus diesem Grund ist die Übung des Nachgebens nach unten enorm wichtig für die Kontrolle des Pferdes.

Beim gerittenen Pferd resultiert dies schließlich darin, dass ein »über den Rücken« bzw. »durchs Genick« gerittenes Pferd mit tiefer Nase sich natürlich deutlich besser kontrollieren lässt als ein Pferd mit hoher Nase. Die Mechanismen und Vorgehensweisen bei Bodenarbeit und Reiten unterscheiden sich

nämlich nicht. Das Ziel ist bei beiden ein kontrollierbares und gymnastiziertes Pferd mit entspanntem Rücken.

Schließlich können Sie noch das seitliche Nachgeben trainieren, indem Sie seitwärts Zug auf den Kopf ausüben und das Pferd dazu bringen den Hals zu biegen und mit seiner Nase seine eigene Flanke rechts bzw. links zu berühren. Ein dort hingehaltenes Leckerli kann diese stark gymnastizierende Übung vereinfachen. Das Nachgeben auf den seitwärts führenden Zügel später unter dem Sattel wird damit vorbereitet.

Hat das Pferd gelernt, dem seitlichen Zug nachzugeben, so können Sie ein paar witzige Übungen anschließen, die dieses Nachgeben

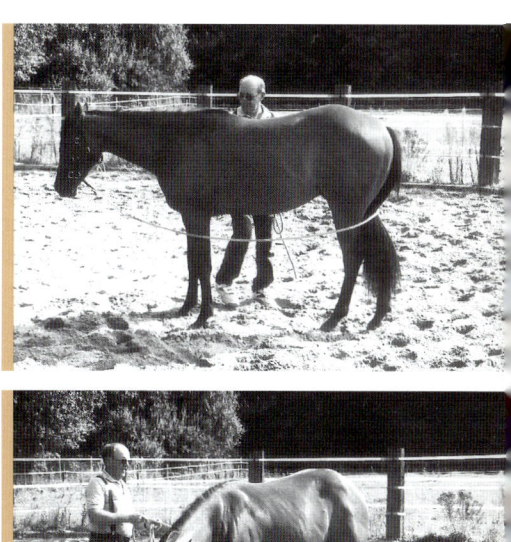

festigen. Haken Sie z.B. ein Seil oder eine weiche Longe rechts ans Halfter des Pferdes ein; führen Sie dann das Seil um das Pferd herum auf die andere, linke Seite. Ziehen Sie nun – auf der linken Seite des Pferdes oder auch vor ihm stehend – am Seil. Das Pferd sollte von Ihnen weg drehen und in einer kleinen Volte zu Ihnen zurückkehren. Das Gleiche üben Sie auf der anderen Hand. Besteigen Sie später das erste Mal Ihr Pferd und es lässt sich nicht in Bewegung setzen, so können Sie es mit der seitlich herausgeführten Hand zu einer ersten – seitlichen – Bewegung veranlassen. Bewegt es sich für Ihren Geschmack zu schnell, dann können Sie es auch abwenden und damit verlangsamen.

1.c. Sonderform nach vorne: von hinten führen

Beim Führen von hinten verhalten Sie sich so, wie ein Leithengst, der seine Herdenmitglieder von hinten treibt. Dazu stehen Sie schräg hinter dem Pferd und treiben es mit Stimm- oder Gertensignalen nach vorne. Ob Sie an einem langen Strick oder ganz frei dabei arbeiten spielt eine untergeordnete Rolle. Es kommt darauf an, wie gut Ihr Pferd schon auf Sie und Ihre Kommandos reagiert. Läuft es Ihnen weg, sobald Sie es von hinten treiben, so sollten Sie es mit einem Führstrick daran hindern. Und es kommt darauf an, wo Sie arbeiten. Auf einem abgezäunten Platz macht es nichts, wenn sich Ihr Pferd hin und wieder von Ihnen verabschiedet und eige-

Bilder Seite 40+41 von oben nach unten: Nachgeben auf seitlichen Zug – das Pferd beschreibt einen Kreis nach außen.

ne Wege geht, draußen in »freier Wildbahn« dagegen müssen Sie Ihr Pferd immer »an der Leine« haben. Die spätere Arbeit am langen Zügel und prinzipiell auch die Longen- und Doppellongenarbeit basieren auf diesem Führen von hinten. Nun

Im Gleichschritt:
Führen von hinten mit dem freien Pferd.

treten bei dieser Art des Führens natürlich hin und wieder Probleme auf. Das Pferd scheut und will nicht vorwärts. Oder Sie können seine Laufrichtung nicht kontrollieren. Keine Angst, das gibt sich mit der Zeit.

Mit einer Gerte können Sie Schulter oder Hinterhand des Pferdes dirigieren d.h. seitwärts treiben. (Die Kontrolle beim Führen von hinten geht Hand in Hand mit der seitlichen Kontrolle des Pferdes, die in den nachfolgenden Abschnitten noch beschrieben wird.) Später können Sie durch Ändern Ihrer eigenen Position hinter dem Pferd die Richtung wechseln.

Angenommen, Sie gehen auf der linken Seite des Pferdes neben den Hinterbeinen, wie Sie es von der

normalen Führposition (vorne) her gewöhnt sind. Wenn das Pferd auf Ihre Signale achtet, so hat es dabei eine leichte Linksstellung, weil es Sie sonst nicht sehen könnte. Treiben Sie nun die Hinterhand leicht nach rechts von sich weg, so beginnt das Pferd vorne eine Linkswendung (erstens weil es Sie als Leittier weiterhin im Auge haben will und zweitens aus anatomischen Gründen, weil es kein Scharnier im Bauch hat). Setzen Sie das fort, so haben Sie im besten Fall eine schöne Volte von hinten geführt. Arbeiten Sie mit einem Strick ist es natürlich überhaupt kein Problem, einfach den Kopf des Pferdes mit dem Strick in die Wendung zu dirigieren. Eleganter ist es jedoch ohne Einsatz des Strickes. Und nur ohne

*Richtungswechsel nach innen
beim freien Führen von hinten.*

Strick können Sie überprüfen, ob
das Pferd sauber auf Ihre Signale
reagiert und nicht mit einem Ruck
am Kopf an Sie erinnert werden
muss.

Und nun wirds richtig interessant:
Was tun Sie, wenn Sie das Pferd
statt in eine Linksvolte in eine
Rechtsvolte dirigieren wollen? Gar
nicht so einfach, wenn Sie auf der
linken Seite des Pferdes sind, nicht
wahr? Seitenwechsel für Sie ist nun
angesagt. Wechseln Sie hinter dem
Pferd auf seine andere Seite. Sorgen
Sie dafür, dass Ihr Pferd diesen
Wechsel auch mitbekommt, d.h.
berühren Sie dabei seine Kruppe
(führen Sie die Gerte z.B. von seiner linken Seite über die Kruppe
auf seine rechte Seite), sprechen Sie
mit ihm und treiben Sie dann, auf
der anderen Seite angekommen,
seine Kruppe leicht nach links. Das
Pferd wird sich nach rechts stellen
und Sie können es jetzt in eine
Rechtsvolte dirigieren. Diese Übung

des Seiten- und Richtungswechsels
gehört natürlich schon ins Reper-
toire des Führens für Fortgeschrittene. Sie ist einfacher, wenn Sie

Führen von hinten: Fahren vom Boden.

ohne Führstrick arbeiten. Doch auch mit zwei Leinen funktioniert sie; Sie fahren dann das Pferd vom Boden aus.

Ein kleiner Sicherheitshinweis: Mit einem ungezogenen Rüpel, der noch nicht gelernt hat, dass man nicht nach der Gerte tritt, darf eine solche Übung, bei der Sie so nahe an der Hinterhand arbeiten müssen, auf keinen Fall probiert werden. Mit einem gut auf die Ausbildersignale sensibilisierten Pferd ist auch »freies Schulterherein« auf diese Weise möglich.

Eine kleine Motivationshilfe in Form einer »kaubaren Belohnung« hin und wieder kann bei den komplizierteren Führübungen nichts schaden. Sie hilft, die Innenstellung und die Ausrichtung des Pferdes auf den Ausbilder zu erhalten. Je nach Verfressenheit des Pferdes muss man jedoch aufpassen, dass es sich nicht nach jeder gelungenen Übung selbst-

Freies Schulterherein –
klassisch auf drei Hufschlägen.

ständig zum Ausbilder umdreht und seine Belohnung erwartet.

2./3. Seitwärts ausweichen

Das seitliche Ausweichtraining gibt Ihnen die Möglichkeit, das Pferd zielgerichtet zu steuern und Hinterhand bzw. Vorhand getrennt zu beeinflussen. Für die Übungen der Angstbewältigung und der Feinabstimmung brauchen Sie diese Steuerung und zum Longieren und Reiten natürlich erst recht.

Die Seitwärtssteuerung am Boden beinhaltet:

a. das Ausweichen der Hinterhand – eine Vorhandwendung

b. das Ausweichen der Vorhand – eine Hinterhandwendung (und deutlich schwerer als a.)

c. reine Seitwärtsbewegungen

ohne Vorwärtstendenz (z.B. seitwärts über eine Stange)
d. Vorwärts-Seitwärts-Bewegungen: Schenkelweichen, Schulterherein, Travers

a. Die Hinterhand soll ausweichen (Vorhandwendung)

Stellen Sie sich z.B. seitlich schräg rechts neben den Kopf des Pferdes und schauen Sie dabei auf den Hinterhuf des Pferdes auf Ihrer Seite (es ist die linke Seite des Pferdes, also der linke Hinterhuf). Den Führstrick halten Sie lose in der linken Hand, sodass er bis fast auf den Boden in einer Schlaufe durchhängt. Das andere Ende des Seiles halten Sie in der rechten Hand. Machen Sie nun schräg (wie in der Zeichnung zu sehen) einen Schritt

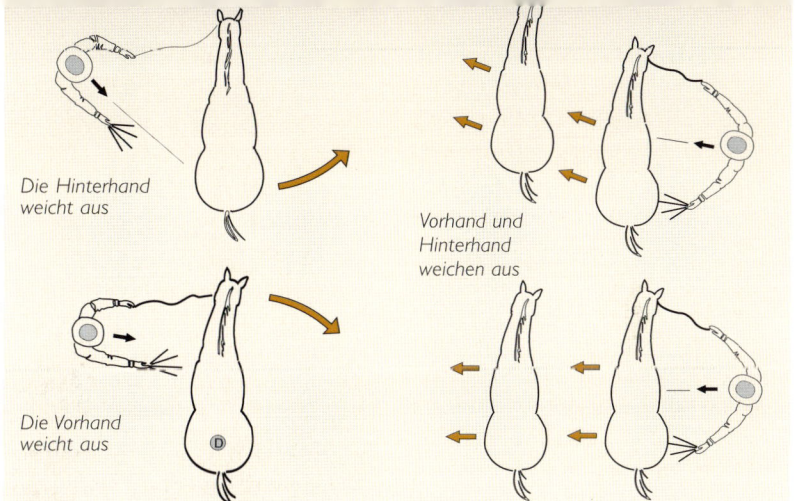

Die Hinterhand weicht aus

Die Vorhand weicht aus

Vorhand und Hinterhand weichen aus

auf die Spitze des linken Hinterhufes zu. Bewegen Sie sich schnell, deutlich und aufrecht und unterstützen Sie die Richtung durch das kreisende Seilende, mit dem Sie zusätzlich auf das linke Hinterbein

in Höhe des Knies zielen. Idealerweise weicht nun das Pferd mit der Hinterhand nach rechts (aus Ihrer Sicht nach links) aus, lässt die Vorhand dabei stehen und schaut den Ausbilder an. Weicht es zusätzlich mit der Vorhand aus, so spannt sich der vormals lose Führstrick in Ihrer linken Hand; die Übung wurde in diesem Fall nicht richtig ausgeführt, denn das Pferd soll Sie nach Ende der Übung immer anschauen (d.h. aufmerksam auf neue Signale warten) und nicht einfach nur vor Ihnen davonlaufen. Versuchen Sie, noch besser auf die Hinterhand zu zielen und wiederholen Sie die Prozedur.

Es kann nun aber auch passieren, dass das Pferd gar nicht ausweicht, weil es das nicht für nötig hält. Dann hat es noch nicht genug Respekt vor Ihnen und Sie müssen deutlicher werden. Lassen Sie den Seilpropeller an seine Hinterhand klatschen oder benutzen Sie stattdessen eine Gerte, die Sie erst vor dem Hinterbein in der Luft hin und her wedeln, und schließlich ab und zu einmal das Bein damit treffen. Kommen Sie den Hinterbeinen dabei nicht zu nahe, denn es besteht die Gefahr, dass das Pferd nach Gerte oder Seil tritt. (Da es seitlich keinen großen Aktionsradius mit dem Hinterbein hat, brauchen Sie jedoch auch keinen großen Abstand zu halten.)

Wenn es schließlich ausweicht, wird es sich in in vielen Fällen komplett mit Vor- und Hinterhand von Ihnen als Störungsquelle entfernen wollen. Korrigieren Sie notfalls die Vorhand indem Sie ein-, zweimal am Führstrick rucken. Vermeiden Sie

Seitwärts ausweichen: Die Hinterhand weicht aus – der Führstrick ist lose.

jedoch einen dauerhaften Zug. »Stören« Sie die Hinterhand weiter mit Seil oder Gerte – bis das Pferd nur hinten weicht. Bei der ersten richtigen Reaktion sofort aufhören und loben.

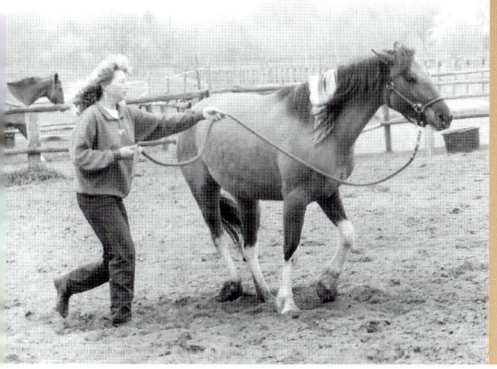
Die Vorhand weicht aus.

Auf diese Art und Weise können Sie schließlich auch phlegmatischen Pferden eine schnelle und zuweilen sehr heftige Reaktion entlocken. Und genau das wollen Sie: Eine schnelle Reaktion auf Ihre Forderungen. Würde das Pferd in der Herde nicht ganz schnell ausweichen, würde es massive Prügel vom Ranghöheren beziehen. Den glei-

chen Respekt sollte es auch vor Ihnen haben.

Haben Sie ein nervöses, hektisches Pferd, wird es zuweilen bei den ersten Übungen dieser Art wild um Sie herumhopsen. Das macht nichts und gibt sich ganz schnell wieder, wenn das Pferd merkt, was Sie von ihm wollen. Geben Sie ihm genug Luft am Führstrick, damit es Sie nicht wegreißt und korrigieren Sie die Vorhand erst, wenn Sie denken, dass das Pferd wieder bereit ist, auf einen Zug am Halfter zu reagieren. Das üben Sie auf beiden Händen gleichmäßig. Auf seiner steiferen Seite wird das Pferd eher Schwierigkeiten machen. Auf Ihrer ungewohnten/steiferen Seite werden Sie eher Schwierigkeiten mit der genauen Koordination Ihrer eigenen

Bewegungen haben. Arbeiten Sie weiter, bis auf beiden Seiten eine gleich gute Reaktion vom Pferd kommt.

b. Die Vorhand soll ausweichen (Hinterhandwendung)

Klappt die Sache mit der Hinterhand, dann lassen Sie nur die Vorhand weichen. Bei dieser Lektion sind Ihre eigene Kondition und Reaktion gefragt, denn Sie müssen recht schnell laufen und reagieren, wenn Sie Ihre Position neben der Schulter des Pferdes aufrechterhalten wollen. Weichen Sie von der »richtigen« Position ab, führt das zu einer fehlenden oder falschen Reaktion des Pferdes.

Stellen Sie sich etwa in Schulterhöhe des Pferdes auf – circa einen

Meter vom Pferd entfernt mit Blickrichtung zwischen Genick und Schulter des Pferdes. In welcher Hand Sie den Strick halten hängt davon ab, ob Sie ein zusätzliches Hilfsmittel wie Gerte oder Seilpropeller benutzen müssen, um das Pferd in Bewegung zu setzen (siehe Abbildungen). Bewegen Sie sich nun schnell und gezielt auf das Buggelenk des Pferdes zu. Ihre Fußspitzen zeigen dabei auf den Ihnen zugewandten Vorderhuf des Pferdes – idealerweise genau auf seinen Ballen. Sie können auch die Stimme zusätzlich einsetzen, um das Pferd zum loslaufen zu ermuntern. Das Pferd sollte nun mit der Vorhand ausweichen und die Hinterhand stehen lassen. Weicht es langsam aus, so haben Sie kein Problem,

dem Kreisbogen zu folgen, den die Vorhand nun um die Hinterhand beschreibt. Weicht es schnell aus – und das ist die Reaktion, die wir eigentlich wollen –, so müssen Sie schon gut zu Fuß sein, um zu folgen. Sie stehen ja hier nicht, wie beim Ausweichen der Hinterhand in der Nähe des Drehpunktes, sondern am anderen Ende, fast an der äußeren Kreislinie.

Neben dem schnellen Spurt müssen Sie nun auch noch auf Ihre Position achten. Geraten Sie vor die Schulter des Pferdes, so biegt es nur noch seinen Hals von Ihnen weg in die Wendung und bleibt evtl. mit den Vorderbeinen stehen. Geraten Sie hinter die Schulter Richtung Flanke, so weichen Vor- und Hinterhand gemeinsam – und damit wä-

ren wir schon bei der nächsten Seitwärtsübung.

c. Vorhand und Hinterhand weichen aus

Können Sie nun Vorhand und Hinterhand getrennt steuern, so ergibt

Ausbilder zu weit vorne: Das Pferd biegt nur den Hals.

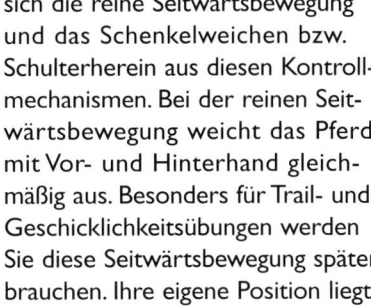

Variante des »Seitwärts über eine Stange« – da das Pferd dazu tendiert, nach vorne auszuweichen, steht die Ausbilderin bremsend vor ihm, dirigiert die Hinterhand mit dem Seilende in der rechten Hand seitwärts und die Vorhand durch eigenes Seitwärtstreten.

sich die reine Seitwärtsbewegung und das Schenkelweichen bzw. Schulterherein aus diesen Kontrollmechanismen. Bei der reinen Seitwärtsbewegung weicht das Pferd mit Vor- und Hinterhand gleichmäßig aus. Besonders für Trail- und Geschicklichkeitsübungen werden Sie diese Seitwärtsbewegung später brauchen. Ihre eigene Position liegt

dabei irgendwo zwischen Vor- und Hinterhand. Die genaue Position ermitteln Sie über die Reaktion des Pferdes. Sind Sie zu weit vorne, so weicht die Vorhand stärker als die Hinterhand – und das Pferd führt mit der Zeit eine Bewegung ähnlich der Hinterhandwendung aus (siehe oben). Wenn Sie in dieser Position jedoch noch eine Vorwärtstendenz

fordern (z.B. mit einer zusätzlichen Stimmhilfe), führt das Pferd prinzipiell die Bewegung des Schenkelweichens aus. Stehen Sie zu weit hinten, dann weicht die Hinterhand stärker und das Pferd führt eine Art Vorhandwendung aus (oder das Pferd entzieht sich der ganzen Aktion nach vorne). Fordern Sie in dieser Position ein zusätzliches Vorwärtsgehen des Pferdes, so bekommen Sie eine Schulterhereinbewegung. So einfach ist das!? Nun – ganz so einfach nicht, denn Sie müssen für die ersten richtigen

Reaktionen des Pferdes schon Ihr ganzes bis dahin angesammeltes Hilfenrepertoire am Boden nutzen. Stimme, Körperposition, Hilfsmittel wie Touchieren mit Gerte oder Seil – und das Ganze noch im richtigen Moment, in der richtigen Stärke und ohne das Bewusstsein für die eigene Position und die eigene Körpersprache zu verlieren. Gehen Sie davon aus, dass das Pferd keine Fehler macht, die Sie nicht durch falsche oder widersprüchliche Hilfen verursacht haben (vorausgesetzt, die Übungen der Vor- und Hinterhandkontrolle klappen sicher).

Erfolgskontrolle / Fixierung auf den Ausbilder

Haben Sie beide Seiten und Vor- und Hinterhand gleich gut im Griff, können Sie testen, wie gut Ihr Pferd auf Sie und Ihre Körpersignale fixiert ist. Stellen Sie sich etwa einen Meter vor das Pferd. Machen Sie ein paar Schritte im Kreis nach rechts – das Pferd sollte Ihnen mit der Vorhand folgen und Sie nicht aus den Augen lassen. Machen Sie dann ein paar Schritte nach links, wieder einen nach rechts usw. Mit der Zeit »setzt« es sich dabei richtig gehend, dreht auf der Hinterhand

Fixierung auf die Ausbilderin – das Pferd ist bestrebt, kein Signal zu verpassen und folgt auf der untergesetzten Hinterhand mit der Vorhand ihrer Kreisbewegung.

und wird vorne leicht. Besonders witzig ist das, wenn Sie frei mit dem Pferd arbeiten und es auch schon gut nach hinten ausweicht (siehe Abschnitt 4). Sie können dann regelrecht mit dem Pferd tanzen. Führen Sie es nur durch Ihre Körperposition oder durch eine mit beiden Händen quer vor sich gehaltene Gerte, die Ihre Körperhaltung und Ausrichtung noch deutlicher werden lässt, nach rechts, nach links, nach hinten, nach vorne in einem von Ihnen vorgegebenen Rhythmus. Achten Sie jedoch darauf, dass das Pferd Ihnen dabei nicht zu nahe kommt und nicht die Grenzen zum Spiel (mit Artgenossen) überschreitet. Es ist nämlich nicht besonders angenehm, auf einmal einen Vorderhuf auf der Schulter zu haben.

4. Ausweichen nach hinten, Wegschicken nach hinten

Das Ausweichen nach hinten gymnastiziert das Pferd (wenn es dabei über den Rücken geht und die Hinterhand wirklich untertritt), fördert Gehorsam und Vertrauen und festigt die ranghohe Position des Ausbilders, denn es ist prinzipiell eine Demutsgeste. Das Pferd soll sich idealerweise von Ihnen rückwärts wegschicken lassen, ohne dass Sie schieben oder drücken müssen – in der fortgeschrittenen Form auch, ohne dass Sie sich selbst von der Stelle bewegen. Und es sollte in der richtigen Ausführung gerade rückwärts gehen, wenn Sie gerade auf es zugehen. Später kommt das gelenkte Rückwärtsrichten dazu (in Volten oder um Kegel herum – sie-

he auch Kapitel Angstbewältigung und Feinabstimmung/ Trailübungen) Beginnen Sie mindestens 1,5–2 m vor dem Pferd stehend. Um das Pferd rückwärts zu schicken gehen Sie in einer ersten Übung mit erhobenen Händen, einer quer gehaltenen Gerte oder einem kreisenden Seilende frontal auf das Pferd zu. Ob Sie das Pferd am Strick halten oder frei arbeiten, ist Ihnen überlassen. Probieren Sie am besten beides aus. Arbeiten Sie frei, kann Ihnen das Pferd natürlich weglaufen, wenn es nicht genug auf Sie Acht gibt. Reagiert das Pferd nicht auf Ihr Signal und bleibt stur stehen, wenn Sie auf es zugehen, dann arbeiten Sie mit Störaktionen. Wedeln Sie mit den Armen oder der Gerte, lassen Sie das Seilende direkt vor der Nase des Pferdes kreisen – wenn es die Nase ab und zu berührt ist das auch o.k. Achten Sie darauf, dabei nicht allzu dicht an das Pferd heranzukommen, denn es besteht die Gefahr, dass es steigt oder seitlich wegdreht und Sie dabei verletzt. Nützt das alles nichts, so können Sie – mit dem langen Führstrick – auch mehrmals heftig am Halfter rucken, sodass diese Störaktionen im Kopfbereich das Pferd schon ziemlich nerven. Für einen unbedarften Beobachter ist das nun ein grausiges Bild: Das Pferd reißt die Augen auf und den Kopf hoch und Sie machen vor ihm den Kasper. Doch irgendwann wird das Pferd mit einem Rückwärtsschritt reagieren. Hören Sie dann sofort mit allen Störaktionen auf, lassen das

Pferd in Ruhe stehen und loben Sie es mit der Stimme und/oder einem Streicheln der Stirn (= drei verschiedene Lob-Instrumente, von denen das erste das wichtigste ist). Nach angemessen langer Verarbeitungs-Ruhepause – eher zu lang als zu kurz (mindestens eine Minute) beginnen Sie von Neuem mit der Prozedur. Das Pferd wird jetzt schon viel schneller reagieren. Auf jeden Fall wird es sehr viel mehr Aufmerksamkeit auf Sie richten. Versucht es sich seitlich dem Rückwärtsrichten zu entziehen, so traut es Ihnen und dem Terrain hinter sich, das es ja nicht sehen kann,

Rückwärtssteuerung mit dem freien Pferd: Positionswechsel der Ausbilderin – das Pferd geht mit der Vorhand nach rechts und mit der Hinterhand nach links.

Rückwärts wegschicken mit dem Wellenschlag der Longe.

noch nicht so recht. Geben Sie ihm Zeit und fordern Sie nur Schrittchen für Schrittchen rückwärts. Etablieren Sie dabei die Stimmhilfe »back« oder »zurück«. Beherrscht das Pferd die Übungen zur seitlichen Kontrolle (Punkte 2 und 3) gut, so können Sie Ihre eigene Position vor dem Pferd nach rechts oder links so verändern, dass Sie es damit geradehalten und auch steuern können (siehe Zeichnung). Reagiert das Pferd gut auf Ihre Aufforderung zum Rückwärtsgehen, so können Sie versuchen, es mit einer wellenfömig geschwungenen Longe oder einem mindestens sechs Meter langen Strick rückwärts zu dirigieren, während Sie selbst dabei stehen bleiben. Verbinden Sie den Wellenschlag mit Ihrem stimmlichen Kommando für Zurück und schwingen Sie Ihren eigenen Arm dabei vorwärts. Macht das Pferd den ersten Schritt von Ihnen weg, dann loben Sie es und lassen es kurz stehen. Dann fordern Sie weitere Tritte. Klappt das Rückwärtsschicken, können Sie es auch im Bogen um sich herumschicken, indem Sie Ihre Position nach dem »Rückwärts« nach rechts oder links verändern und schräg auf die Schulter des Pferdes zugehen bzw. mit der Gerte auf die Schulter zeigen.

Diese Übung können Sie später beim Longieren oder auch bei der freien Arbeit im Roundpen gut für Richtungswechsel und für das Herausschicken des Pferdes auf den Hufschlag gebrauchen.

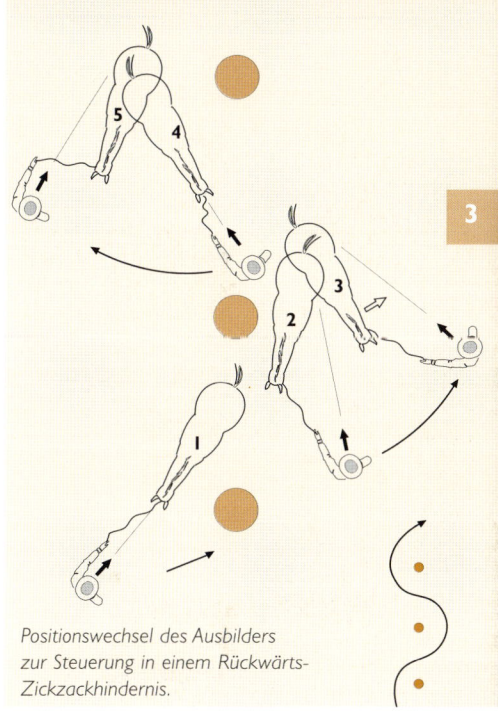

Positionswechsel des Ausbilders zur Steuerung in einem Rückwärts-Zickzackhindernis.

Zum Thema Angst

Angstbewältigung beim Pferd und beim Reiter – Teil 1 Theorie

Ängste spielen beim Anreiten vom Pferden gleich von zwei verschiedenen Seiten eine Rolle. Zum einen von Seiten des Pferdes und zum anderen von Seiten des Reiters. Beide müssen Sie als Ausbilder in den Griff bekommen. Schaffen Sie das nicht, bevor Sie sich das erste Mal auf Ihr Tier schwingen, wird das Anreiten selbst zu einer nervenaufreibenden und auch riskanten Geschichte, denn dann sind unliebsame Überraschungen und Kurzschlussreaktionen vorprogrammiert.

Zum Thema Angst sind vier Bereiche für uns als Reiter interessant – die ersten drei besonders für das Anreiten:
1. Warum hat der Mensch Angst und warum hat das Pferd Angst?
2. Was ruft die Angst hervor?
3. Wie geht man mit der Angst um – gibt es ein Mittel gegen Angst?
4. Was passiert bei dauerhafter Angst?

1. Warum haben Mensch und Pferd Angst

Frage 1 ist recht leicht zu beantworten. Die Antwort lautet in ihrer einfachsten Form: »Die Angst hat sowohl dem Pferd als auch dem Menschen ermöglicht zu überleben«. Ängste sind eine Art Frühwarnsystem für potentielle Lebens-Gefahren. Das gilt beim Menschen insbesondere für das primitive Angstsystem – das limbische System. Dieses System ist entwicklungsgeschichtlich älter als das rationale Angstsystem und besitzt nicht die Möglichkeit, abzuwägen. Es entscheidet blitzschnell und vorbewusst (d.h. weder verbal noch bildhaft, sondern rein emotional) aufgrund von groben Sinneseindrücken und sehr groben Kategorien, ob es eine Gefahr signalisiert oder nicht. Es ist nicht kontrollierbar und kann bei einer

Bedrohung zwei verschiedene emotionale Impulse geben, die zwei unterschiedliche Reaktions-Muster hervorrufen können: Das eine Schema ist eine Angst-Flucht-Panik-Reaktion, das andere die Angst-Kampf-Wut-Reaktion. Welches der beiden Muster zum Tragen kommt, ist abhängig von der Situation und den momentanen Möglichkeiten des Menschen. Was in diesem Zusammenhang interessant ist, ist jedoch die nahe Verwandschaft von Wut und Panik – es sind nämlich beides starke Angstreaktionen. Wenn Sie also einen Reiter sehen, der wütend auf sein Pferd einprügelt, dann können Sie davon ausgehen, dass dieser Reiter im Augenblick Angst vor seinem Pferd hat und sein primitives Angstsystem die

Kontrolle mit dem Angst-Kampf-Wut-Reaktionsmuster übernommen hat.

Nicht nur der Mensch sondern jedes höher entwickelte Säugetier – und damit auch das Pferd – besitzt ein solches primitives Angstsystem. Das Pferd neigt also grundsätzlich zu den gleichen grundlegenden Verhaltensschemata aus dem primitiven Angstsystem – nämlich den beiden Möglichkeiten der Angst-Flucht-Panik-Reaktion und der Angst-Kampf-Wut-Reaktion. Normalerweise wird es artspezifisch mit Flucht oder gar Panik reagieren, doch bleibt ihm kein Ausweg kann genauso die Kampf-Reaktion ausgelöst werden.

2. Was löst Angst aus?

Die Ängste des Menschen – und damit die Angstauslöser – sind enorm vielfältig. Die Angst vor dem eigenen Tod und ihre Spielarten – die Angst vor dem Fallen, vor Verletzungen, vor Bewegungsunfähigkeit sind tief verwurzelt. Als soziales Wesen reagiert der Mensch jedoch auch mit Ängsten auf den Verlust eines nahestehenden Menschen oder auf den Entzug von Anerkennung durch eine soziale Gruppe. Beides resultiert aus seiner Entwicklungsgeschichte, in der der schwache und leicht verletzliche steinzeitliche Mensch auf den Schutz der Horde angewiesen war. Die positive Erziehung zu sozial nützlichem Verhalten, aber auch die negativen Aspekte wie Gruppenzwang und Psychoterror sind auf diese Weise möglich.

Eine besondere Art der Angst ist beim Menschen die Angst vor dem Verlust der Kontrolle über eine Situation, über einen anderen Menschen oder auch – was uns hier besonders interessiert – über ein Pferd.

Einer Situation nicht gewachsen zu sein, nicht zu wissen, was man tun soll, sich hilflos fühlen, keinen Ausweg zu sehen – all das löst mindestens Unbehagen, oft Angst und schlimmstenfalls Panik aus. (Durch den Erwerb von Fähigkeiten, Wissen und Erfahrung können solche Ängste gemildert werden, wie wir noch sehen werden.)

Schaut man sich die Angstpalette des Pferdes an, so sieht man viele Gemeinsamkeiten zu der des Menschen. Pferd und Mensch sind soziale »Herdenwesen« mit ausgeprägter eigener Individualität. Die Herde, die Gesellschaft, gewährt Schutz und verlangt die Anpassung des Individuums an ihre Normen. Besonders das junge, unerfahrene Pferd reagiert mit Angst auf Isolation, auf Führungsverlust, auf Entzug der Zuwendung durch die Herdenmitglieder – und kann deswegen durch die älteren Pferde der Herde erzogen und sozialisiert werden.

Unsicherheit kann u.U. zu Angstreaktionen führen: Haltung und Gesichtsausdruck dieses jungen Pferdes zeigen Unsicherheit, weil es mit dem ungewohnten Reitergewicht konfrontiert wird. Der Reiter hat jedoch aus der Bodenarbeit einige »Beruhigungsmittel« zur Verfügung.

Die Angst vor dem Tod, vor dem Gefressenwerden resultiert beim Pferd in einem extremen Unabhängigkeitstrieb: Auf eine Einschränkung seiner Beweglichkeit – durch fesseln, anbinden, einsperren – reagiert manches unausgebildete Pferd mit extremer Panik und mit vom Menschen dann nicht mehr kontrollierbaren Angstreaktion. (Auch diese Reaktion kann durch Gewöhnung gemildert werden ...)

Wir sehen uns also beim Anreiten von Pferden mit zwei auf den ersten Blick unvereinbar erscheinenden Problemkreisen der Angst konfrontiert. Der Mensch hat Angst vor dem Verlust der Kontrolle (über das Pferd) und das Pferd hat Angst vor der Einschränkung seiner Beweglichkeit (durch den Menschen). Beide besitzen ein primitives Angstsystem, welches dazu neigt, die Kontrolle an sich zu reißen, wenn es eine Gefahr für Leib und Leben zu erkennen glaubt. Beide können mit Flucht und Panik oder mit Kampf und Wut reagieren. Unkontrollierbare Angst- oder auch Wutreaktionen sind die Erkennungszeichen für die Übernahme der Kontrolle durch das primitive Angstsystem. Sie kommen zustande nach dem Motto »Es ist riskanter, auf eine Gefahr nicht zu reagieren, als unangemessen heftig auf einen eher ungefährlichen Reiz zu reagieren«.

Geht man beim Anreiten nach der Hau-Ruck-Methode vor und lässt es an sinnvoller Vorbereitung fehlen, dann ist das Rodeo als Resultat von Angstreaktionen vorprogrammiert. Das Pferd reagiert mit wütendem Bocken auf die Einschränkung seiner Beweglichkeit durch Sattel und Reiter und der Reiter hat keine Kontrolle über das, was das Pferd tut und kann sich nur mit akrobatischem Geschick auf dem Pferd halten. Es soll Leute geben, denen das Spaß macht. Und wenn man lange genug oben bleibt, geht dem Pferd evtl. die Puste aus und es findet sich aus reiner Erschöpfung mit dem Reiter ab. Mir persönlich wären meine Knochen und die meines Pferdes zu schade für solche Experimente. Da höre ich doch lieber auf mein eigenes Frühwarnsystem und versuche, solche Reaktionen des Pferdes gar nicht erst zu provozieren. Ich habe nämlich keine große Lust heruntergebockt zu werden.

Gott sei Dank wissen wir ja schon seit längerer Zeit, dass dieses Einbrechen von jungen, meist halbwilden, Pferden völlig unnötig ist und dass es Mittel und Wege gibt, das besser und sicherer zu bewerkstelligen.

Eine Zusammenarbeit von Mensch und Pferd kann auch in der frühen Einreitphase schon recht gut funktionieren. Rodeos mit spektakulären Luftsprüngen werden damit in schlechte Westernfilme verbannt. Schlüssel zur Zusammenarbeit sind im Prinzip die verbliebenen Ängste des Pferdes, der rationale Verstand des Menschen, der sie sich zu Nutze macht und die Möglichkeit der Desensibilisierung auf Angstauslöser durch Gewöhnung. Und damit sind wir bei der Antwort auf Frage 3.

3. Wie bekommt man die Angst in den Griff?

Der Mensch hat neben dem limbischen System zusätzlich zwei weitere Schaltsysteme, die sich mit seinen Ängsten – und mit deren Kontrolle – beschäftigen. Er besitzt ein rationales Angstsystem, welches auf die Impulse aus dem primitiven Angstsystem reagiert und diese prüft. Das rationale Angstsystem arbeitet deutlich langsamer als das primitive System, aber auch sehr viel differenzierter. Rationales und primitives Angstsystem kämpfen um die Kontrolle im Menschen. Würde immer nur das primitive Angstsystem gewinnen, würde der Mensch permanent wegrennen oder kämpfend um sich schlagen. Differenzierte Lösungsmöglichkeiten von angstbesetzten Problemen – z.B. so etwas wie gewaltfreier Widerstand –

Desensibilisierung durch Gewöhnungsprogramme.

wären unmöglich (und ein geistiger Fortschritt desgleichen).

Mit dem rationalen Angstsystem sind wir in der Lage, Impulse aus dem limbischen System zu kontrollieren und zu modifizieren. Primitive Urängste des Menschen, wie die Angst zu fallen und die Angst, die Kontrolle zu verlieren, die beim Umgang mit dem Pferd eine besondere Rolle spielen, können über das rationale Angstsystem gesteuert werden, weil es auch die individuellen, persönlichen Erfahrungen und erlernte oder ererbte Fähigkeiten des einzelnen Menschen in seine Erwägungen einbezieht. Es fragt einfach ausgedrückt: »Kann ich mit meinen Fähigkeiten mit dieser Situation umgehen, ohne dass es mich umbringt, oder nicht?«

Mit Hilfe des rationalen Angstsystems kann auch eine Desensibilisierung durch Gewöhnungsprogramme vorgenommen werden. Das ist vor allem dann sinnvoll, wenn das limbische System zu starke und zu viele Warn-Impulse aussendet, die das rationale System kaum noch verarbeiten kann. Bei Menschen mit Angstzuständen oder Phobien ist das beispielsweise so.

Die letzte Instanz ist schließlich das Bewusstsein, welches entscheidet, wie der Mensch mit seinen Impulsen aus dem Frühwarnsystem und der Beurteilung aus dem rationalen Angstsystem umgeht. Es ist eine Art Schiedsrichter zwischen primitivem und rationalem Angstsystem.

Auch das Pferd kann lernen, die Impulse aus dem primitiven Angstsystem zu kontrollieren. Und es kann durch Gewöhnungsprogramme desensibilisiert werden. Im Prinzip funktioniert das ganze System wie beim Menschen auch – nur dass das rationale Angstsystem und das bewusste Abwägen einer Entscheidung in der beim erwachsenen Menschen vorhandenen Ausprägung beim Pferd nicht existieren. (Das junge Pferd reagiert dabei im Prinzip wie ein unerfahrenes Kind – spontan und weitgehend unreflektiert.) Trotzdem ist das System das Gleiche: Flucht- oder Kampf-Impulse aus dem primitiven Angstsystem werden auf ihre soziale Verträglichkeit (in der Herde) und auf ihre Durchführbarkeit hin überprüft und gegebenenfalls verworfen. Wenn einem Fluchtimpuls nachzugeben bedeuten würde, dass das Pferd an einem ranghöheren Pferd vorbeidrängeln müsste, wird es diesem Impuls nicht nachgeben, denn es bezöge dann einen – meist schmerzhaften – Rüffel vom dem ranghöheren Pferd.

Negative Verhaltenskreisläufe aktiv durchbrechen

Sie möchten nun also das Pferd kontrollieren, weil sonst Ihr eigenes Angstsystem »Kontrollverlust-Alarm« gibt. Dazu müssen Sie die Ängste des Pferdes kontrollieren, damit nicht das primitive Angstsystem des Pferdes die Kontrolle an sich reißt und das Pferd zu einer für uns Menschen unkontrollierbaren Reaktion verleitet. Nun können Sie Ihrem Pferd nicht einfach ins

Ohr flüstern »Hab keine Angst«. Das funktioniert noch nicht einmal bei einem anderen Menschen, der Ihre Sprache versteht, weil das primitive Angstsystem nicht auf verbale Aufforderungen reagiert. Sie müssen sich also eines Verständigungsmittels bedienen, welches

Alarmstellung des Pferdes: fluchtbereit mit hohem Hals. Durch das Desensibilisierungsprogramm gewöhnt sich das Pferd jedoch auch an Plastiktüten und Klappersäcke.

dem Pferd geläufig ist und welches in der Lage ist, das primitive Angstsystem auch zu erreichen.

In den vorigen Abschnitten haben Sie gelesen, dass die sozialen Ängste bei Pferd und Mensch die gleichen sind: Nämlich die Angst vor dem dauerhaften Verlust von Bezugspersonen (bzw. -pferden) und vor dem Verlust des Schutzes durch eine Gruppe bzw. eine Vertrauensperson (oder eine Leitfigur bzw. ein Alphatier). Daraus resultiert natürlich auch eine gewisse Angst vor Sanktionen von Seiten der Leitfiguren.

Sozialer Status, Autorität, Angst, Demut, Über- oder Unterlegenheit drücken sich in Körperhaltungen,

Vertrauen und Neugier besiegen die Angst.

Gesten und Mimik (der Körpersprache) aus – sowohl beim Menschen als auch beim Pferd. »Körpersprache« ist also die gemeinsame Sprache, die Mensch und Pferd von Anfang an beide verstehen. Und sie ist auch der Schlüssel, mit

dem Sie das primitive Angstsystem des Pferdes beherrschen können. In der Folge wird das Pferd kontrollierbar und Sie erreichen schließlich ein relativ hohes Maß an Sicherheit im Umgang mit dem Pferd. Diese Sicherheit können Sie für die eigent-

4

liche Anreitphase bestens gebrauchen.

Das Paradoxon bei der Sache ist, dass eine Sorte Angst genutzt wird, um die andere auszutreiben. Der Mensch präsentiert sich dem Pferd als Leitfigur (Alphatier), nutzt dabei dessen Angst vor sozialer Bezugslosigkeit und gefährlicher Isolation und verringert sie im gleichen Zug wieder, weil er dem Pferd mit seiner Autorität Sicherheit gibt. Hat das Pferd ihn als »Alphatier« angenommen, so wird es seinen Wünschen auch dann folgen, wenn es vor irgendetwas Angst hat, weil das seinem natürlichen Verhalten entspricht und im natürlichen Herdenverband verhindert, dass die Pferdegemeinschaft bei Gefahr in alle Richtungen auseinander stiebt.

Gelingt es Ihnen, den Status des Alphatieres am Boden – bevor Sie auf Ihr Pferd klettern – zu erreichen, haben Sie schon fast gewonnen. Sie können seine Angstreaktionen kontrollieren, verringern damit Ihre eigene Angst und festigen dadurch wiederum das Vertrauen des Pferdes in Sie als Leittier. Ein positiver Kreislauf aus Sicherheit, Vertrauen und relativer Angstfreiheit hat begonnen. Ich sage relativ, da eine komplette Angstfreiheit weder beim Reiter noch beim Pferd zu erreichen ist. Das primitive Frühwarnsystem gibt auf Dauer keine Ruhe und findet neue Gefahren an jeder Ecke.

Mit der Zeit ist das Pferd in der Lage, sich an viele Angstauslöser zu gewöhnen, weil es im Zuge der Ausbildung zunehmend Vertrauen zur Leitfigur des Ausbilders entwickelt. Diese Gewöhnung wird mit Abstumpfungstherapien wie Aussacken, Einwickeln, Engpasstraining, Übungen mit klappernden Säcken und raschelnden Planen, Plastikvorhängen und allen Arten von Geschicklichkeitsübungen am Boden immer weiter gefestigt.

In diesem Zusammenhang ist allerdings von elementarer Bedeutung, dass ein möglicherweise beginnender negativer Kreislauf der Angst schnell erkannt und bewusst durchbrochen werden muss, um einen Zugang zu den Mechanismen der Angstkontrolle zu bekommen und zu behalten. Dieser negative Kreislauf kann erstens nur durch den Menschen und zweitens nur dann

Vertrauen gegen Vertrauen: Gebisslose Zäumung im Gelände funktioniert nur, wenn Ihnen das junge Pferd vertraut.

durchbrochen werden, wenn der Mensch weitgehend Herr seiner eigenen Ängste ist. Oder wenn er zumindest weiß, wie er sie in den Griff bekommt Er sollte Gewöhnungs- und Desensibilisierungstaktiken auch für sich selbst erfolgreich anwenden können, wenn es nötig sein sollte.

Sie als Ausbilder des Pferdes müssen aktiv Ihre eigene Angst vor Kontrollverlust und vor dem Herunterfallen reduzieren, indem Sie beim Pferd schrittweise Ängste ab- und Gehorsam aufbauen und es damit immer weiter unter Ihre Kontrolle bringen. Das ist ein Prozess, der Zug um Zug abläuft und nicht schlagartig. Sie sind dabei vergleichbar mit dem Therapeuten, der einen Patienten mit leichten Angstzuständen behandelt. Und es ist bekannt, dass Therapeuten auch des Öfteren selbst Behandlung brauchen. Es kann also durchaus Situation geben, in denen Sie selbst Hilfe brauchen – und sei es nur in Form eines Zuspruchs oder eines Ratschlags von Reiterkollegen. Es gelingt einem nämlich nicht immer sich aus einem negativen Kreislauf der Angst zu befreien, sich wie Münchhausen am eigenen Zopf aus dem Sumpf zu ziehen, wenn schon mal was schiefgelaufen ist. Auch bei bester Vorbereitung können Sie nicht ausschließen, dass Ihnen Ihr junges Pferd aus der Kontrolle gerät. Wenn es Sie dann umgerannt oder unsanft in den Dreck gesetzt hat bei den ersten Versuchen, es zu reiten, so braucht es schon etwas Mut und Selbstkontrolle, um souverän weiterzumachen. Verraten Sie Ihre eigenen »Bedenken« dem Pferd, provozieren Sie damit nur weitere unliebsame Überraschungen.

Stellen Sie unter Umständen die Übungen, die »kontrolltechnisch« schiefgegangen und deswegen für Sie angstbesetzt sind, zurück zu Gunsten leichterer Lektionen, die das Vertrauensverhältnis Pferd-Mensch wiederherstellen und Ihnen wieder mehr Sicherheit und damit mehr Autorität verleihen. Wenn Sie sich ängstlich fragen: Klappt das auch?, brauchen Sie sich nicht zu wundern, wenn das Pferd sich das auch fragt – und durchaus nicht wunschgemäß reagiert, weil es Ihre Unsicherheit spürt

Können Sie sich dem Pferd gegenüber in den vorbereitenden Übungen am Boden als Alphatier nicht behaupten, weil Ihre eigene Angst vor dem Pferd und seinen Reaktionen zu groß ist, oder weil es Ihnen prinzipiell an Durchsetzungsvermögen und Konsequenz fehlt, haben Sie keine Chance, einen positiven Kreislauf in Gang zu setzen oder einen negativen zu durchbrechen. Sie sollten dann das Anreiten Ihres Pferdes entweder anderen überlassen oder nur unter fachkundiger Anleitung arbeiten. Andernfalls setzen Sie sich nur selbst unter Stress.

4. Die Entdeckung der Langsamkeit

Leistungsdruck fördert Angst und Stress und ist gesundheitsschädlich. Angst und damit verbundener Stress stehen in nachweisbarer Verbindung mit körperlichen Krankheiten und erhöhtem Verletzungsrisiko. Der psychische Zustand sowohl des Menschen als auch des Pferdes kann direkten Einfluss auf das jeweilige Immunsystem nehmen. Faßbender drückte es in einem seiner Filme treffend aus: »Angst essen Seele auf«. Doch nicht nur die Seele, auch der Körper leidet unter Angstreaktionen und Stress und zeigt Krankheitssymptome oder wird anfällig für Verletzungen und Unfälle.

Starker Leistungsdruck kann Angst und negativen Stress verursachen und dadurch sowohl bei Ihnen als Reiter als auch beim Pferd zu körperlichen Stress-Symptomen führen.

Setzen Sie sich deswegen nicht unter unnötigen Leistungsdruck, indem Sie einem minutiös ausgefeilten Longier- und Anreitplan folgen oder schon die nächste Materialprüfung bzw. den Start in einer Jungpferdeprüfung anpeilen. Stress und Zeitdruck haben Sie in Ihrem normalen Beruf meistens schon genug – die Arbeit mit dem Pferd sollte sich davon unterscheiden. Tun Sie sich und Ihrem Pferd den Gefallen, langsam und mit Bedacht zu arbeiten. Sie wollen schließlich nicht Ihr Geld mit dem Anreiten von Jungpferden im Akkord verdienen, sondern ein zuverlässiges und auf lange Jahre gesundes Pferd ausbilden. Sie haben prinzipiell alle Zeit der Welt, um das zu tun, was Sie gerade für richtig halten und das zu lassen, was Ihnen noch nicht geheuer ist. Hören Sie auf Ihre Intuition und wischen Sie ein leises Unbehagen hinsichtlich potentieller Gefahren oder hinsichtlich der eigenen

körperlichen und psychischen Belastbarkeit bzw. der des Pferdes nicht einfach vom Tisch. Ihre innere Stimme sagt Ihnen, wann Sie einen Schritt weitergehen können, wann Sie einen Schritt zurückgehen müssen oder wann Sie dem Pferd oder sich selbst einfach ein paar Tage Pause gönnen sollten. Haben Sie drei Tage hintereinander mit einer »Rennmaus« im Roundpen gekämpft und keine deutliche Besserung erzielt, wechseln Sie einfach einmal die Trainings-Strategie und arbeiten die nächsten paar Tage im Schritt an Koordinations- und Trailübungen. Oder nehmen Sie Ihr Pferd an die Hand und gehen mit ihm spazieren.
Eine Häufung von unglücklichen Zufällen, von kleineren Unfällen

oder Verletzungen und »Unpässlichkeiten« sowohl beim Reiter als auch beim Pferd können durchaus ein Hinweis dafür sein, dass hier schon zuviel gemacht wurde und Pferd oder Reiter eine Pause brauchen.
Ausbildungen im Schnelldurchlauf mit zu jungen Pferden und zu schnellen Leistungssteigerungen werden auf Dauer nicht zu einem befriedigenden Ergebnis führen. Denn der Körper des Pferdes wird sich irgendwann dagegen wehren, selbst wenn sich ein leistungsbereites Pferd mehr oder weniger klaglos den zu hohen Anforderungen des Reiters fügt.

4

Praktische Angstbewältigung

Grundlegende Übungen

Das Grundlagenprogramm der Angstbewältigung besteht aus recht einfachen Übungen, die in den meisten Fällen auf dem Ausweichtraining aufbauen. Viele Trailhindernisse wie Plastikplanen, Brücken, Wippen, Flatterbänder können in diese Arbeit einbezogen werden, denn prinzipiell ist das Trailtraining des Pferdes zu einem guten Teil nichts anderes als Vertrauensaufbau und Angstbewältigung. Verladeübungen, das bei den Westernreitern beliebte Aussacken, das Gewöhnen an Leinen, Longen, Spraydosen, das Ziehen von Gegenständen (beson-

ders für Pferde, die auch gefahren werden sollen) und vieles mehr gehören in diesen Bereich. Manche Dinge ergeben sich aus den täglichen Anforderungen. Das Pferd soll beim Schmied anständig stehen, soll sich vom Tierarzt die Tetanus-Spritze geben lassen, ohne gleich in Panik zu geraten und ähnliche alltägliche Kleinigkeiten. All das kann man im Vorfeld trainieren.

Das Schöne an einer frühzeitigen Angstbewältigung ist, dass sie am Boden erfolgen kann. Der Ausbilder muss keine Angst vor dem Herunterfallen haben und die eigentliche Anreitphase gestaltet sich deutlich entspannter, wenn man weiß, dass

das Pferd nicht bei jedem fallenden Blatt vor Schreck wegspringt.

Im Ausweichtraining haben wir gelernt, Reaktionen des Pferdes auf unsere Körperposition zu fordern sowie Vor- und Hinterhand gezielt zu steuern. Bei der Angstbewältigung nutzen wir nun diese Fertigkeiten und das Grundvertrauen des Pferdes, das es uns nach diesen Übungen entgegenbringt.

Die »Knackpunkte« bei diesen Übungen sind:

– eine sinnvolle Staffelung, die das Pferd nicht überfordert,

– die Einhaltung von einigen Sicherheitsvorkehrungen zum beiderseitigen Schutz

– und schließlich Konsequenz, Konsequenz und nochmal Konsequenz.

Vieles aus dem Grundprogramm kann auch mit dem Fohlen schon geübt werden.

Zehn wichtige Punkte

für die Arbeit an angstbesetzten Übungen zu Anfang:

1. Bringen Sie das Pferd vor Beginn jeder Übung dazu, den Kopf zu senken und ruhig zu stehen. Nur dann ist es aufnahmebereit.

2. Beginnen Sie nie eine Übung mit einem Pferd, dessen Aufmerksamkeit Sie nicht haben. Solange dem Pferd der Kollege auf der Koppel wichtiger ist als Sie, achtet es nicht genug auf Sie, um auf Ihre Körpersignale zu reagieren.

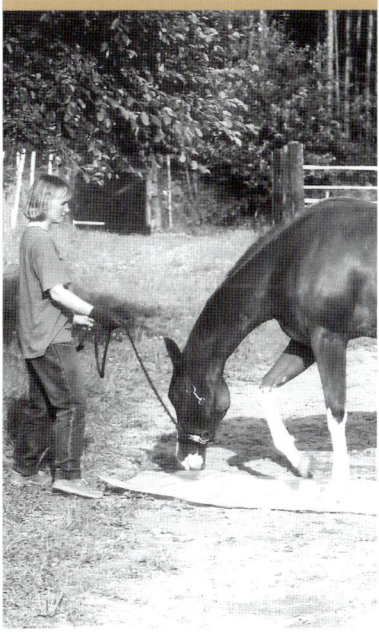

Das Pferd soll den Kopf senken ...

3. Engen Sie das Pferd nicht ein und binden es nie an bei einer angsterzeugenden Übung, sondern lassen ihm die Freiheit, auch mal wegzuspringen. Arbeiten Sie an einem mindestens drei bis vier Meter langen Strick, damit Sie nachgeben können. Es macht überhaupt nichts, wenn das Pferd anfangs herumzappelt (das können Sie auch gar nicht verhindern). Damit reagiert es Spannungen ab.

4. Arbeiten Sie mit der Zermürbungstaktik: Seien Sie sturer als das Pferd, ohne jedoch böse oder wütend zu werden. Die richtige Grundeinstellung heißt: »Zappel Du nur, am Ende gewinne ich ja doch«.

4.a. Lassen Sie sich genug Zeit. Es gibt angstbesetzte Übungen (die nicht bei jedem Pferd die Gleichen sind), bei denen Sie zwei oder drei Stunden brauchen, bis Sie wenigstens einen Teilerfolg erzielen. Diese Zeit müssen Sie auch haben. Beginnen Sie also niemals mit einer neuen Übung, wenn Sie unter Zeitdruck stehen.

5. Regen Sie sich selbst nicht auf – auch wenn das Pferd wild um Sie herumspringt. Bleiben Sie ruhig und bewegen sich möglichst sparsam. Ihre Ruhe überträgt sich aufs Pferd.

6. Lassen Sie dem Pferd Entscheidungsmöglichkeiten. Machen Sie jedoch alle Wege/Richtungen unbequem, von denen Sie nicht möchten, dass das Pferd sie wählt. Das Pferd meint schließlich, sich aus freien Stücken für die von Ihnen gewünschte Richtung entschieden zu haben.

7. Arbeiten Sie auf Distanz am losen, langen Strick, damit das Pferd Sie nicht über den Haufen rennen kann, wenn es sich aufregt. Dulden Sie es Ihrer eigenen Sicherheit zuliebe nicht, wenn sich das Pferd schutzsuchend an Sie herandrängen will. Und bedrängen Sie das Pferd auch nicht mit Ihrem eigenen Körper, indem Sie selbst zu dicht herankommen. Bleiben Sie mindestens einen Meter vom Pferd weg, beim Training in Engpässen eher noch weiter.

8. Achten Sie darauf, dass das Pferd sich am Ende von aufregenden Übungen wieder entspannt und

Am losen Strick auf Distanz arbeiten …

den Kopf senkt. Idealerweise macht es dabei Kaubewegungen mit dem Maul; es verarbeitet das Vorangegangene. Geben Sie ihm Zeit dazu und lassen es eine Weile so stehen. Nur dann kann es die Lektion richtig verstehen.

9. Hören Sie nie auf, bevor Sie nicht mindestens einen Teilerfolg verbuchen konnen. Nerven Sie das Pferd so lange, bis es den von Ihnen gewünschten Weg geht. Auch – und gerade – wenn es Angst hat, dürfen Sie ihm nichts durchgehen lassen, denn damit würden Sie seine Angst bestätigen und sein Vertrauen in Sie und Ihre Forderungen untergraben.

10. Achten Sie immer darauf, dass die Nervenproben für das Pferd und für Sie selbst ungefährlich sind. Also: Keine scharfkantigen Gegenstände am Boden oder an der Wand in der Nähe des Übungsplatzes. Keine Balken in Kopfhöhe – denken Sie auch daran, dass ein Pferd steigen könnte. Keine hervorstehenden Nägel oder Krampen in der Umzäunung. Kein Drahtzaun in der Nähe – außer evtl. breitem, gut sichtbarem Elektro-Band. Keine am Rand des Übungsplatzes abgestellten Heuwender. Spiegel in Reithallen können Sie anfangs verhängen, damit das Pferd sie nicht als Fluchtweg missinterpretiert. Trainieren Sie am Hänger, dann polstern Sie evtl. hervorstehende Metallteile ab und machen die Klappe möglichst rutschsicher. Noppengummi- oder Kokosmatten erfüllen diesen Zweck am besten. Haben Sie Angst um die Beine Ihres Pferdes, dann polstern Sie sie mit Gamaschen.

Tragen Sie Handschuhe, damit Sie sich nicht am Strick verbrennen, wenn das Pferd wegspringt und Ihnen den Strick durch die Hand zieht. Stiefel mit Stahlkappen oder zumindest extra hartem Leder im Zehenbereich bewahren Sie vor plattgetretenen Zehen.

Die Übungen im Einzelnen

Aussacken

Um das Pferd daran zu gewöhnen, dass sich etwas auf seinem Rücken befindet, haben sich verschiedene Übungen des Aussackens bewährt. Die einfachste Form bzw. die erste Stufe ist, tatsächlich einen Jutesack (oder eine alte Decke) zu verwenden und ihn dem Pferd schwungvoll überzuwerfen. Da viele Pferde bis dahin schon Bekanntschaft mit Decken gemacht haben, wird das den meisten gerade mal ein müdes Gähnen entlocken. Der eine oder andere nervenschwache Vertreter der Gattung Pferd kann aber auch hier schon seinen ersten Satz machen. Setzen Sie Ihre Stimme beruhigend ein und bewegen Sie sich selbst nur gerade soviel wie nötig bei diesen Übungen. Stellen Sie sich schräg neben die Schulter des Pferdes und halten Sie den Führstrick so, dass er in einer Schlaufe fast bis auf den Boden durchhängt – damit hat das Pferd genug Luft um wegzuspringen. Da das Pferd sich immer von der vermeintlichen Gefahrenquelle entfernen wird, dürfen Sie in

diesem Fall ruhig relativ dicht an die Pferdeschulter herangehen. Sie können die Übung auch im Roundpen mit dem freien Pferd (jedoch mit Halfter ausgerüstet) machen. Sie müssen dabei allerdings in Kauf nehmen, dass es Ihnen mehrfach wegläuft und Sie es erst wieder in Position – am besten in die Mitte eines Roundpen – stellen müssen. Werfen Sie dem Pferd den Sack von beiden Seiten über. Führen Sie überhaupt alle Übungen bis hin zum Aufsteigen immer beidseitig und nicht nur von der traditionell gelehrten linken Seite des Pferdes her aus.

Erfolgreiches Aussacken mit einem Plastiksack: Das Pferd entspannt sich schließlich mit dem Sack auf seinem Rücken.

Das Flattertor entlockt dem Pferd nur noch ein müdes Gähnen.

Geht das mit dem Sack oder der Decke, verwenden Sie knisternde Plastiksäcke, raschelnde Folien, mit klappernden Büchsen gefüllte Säcke, Seile mit Luftballons oder was Ihnen sonst noch so einfällt, um Ihr Pferd zu erschrecken. Berühren Sie Kruppe, Hals, Sattellage, Rücken von beiden Seiten damit. Als letzten Punkt am Pferd berühren Sie immer den Kopf – Genick und Ohren –, denn am Kopf des Pferdes gibt es die meisten Schwierigkeiten.

Binden Sie Plastikfetzen an Ihre Gerte und berühren das Pferd damit und so weiter und so fort. Ihrem Erfindungsreichtum sind wenig Grenzen gesetzt. Achten Sie jedoch darauf, dass sich das Pferd an den verwendeten »Erschre-ckern« nicht verletzen kann. Später können Sie das Pferd auch an der Longe mit allem Möglichen behängen, was um es herumflattert. Sattel und Longiergurt sollten für das Pferd schließlich nur einen weiteren harmlosen Gegenstand darstellen. (Seien Sie jedoch vorsichtig beim Anziehen eines Bauchgurtes.) Das Durchreiten bzw. -führen von Flattertoren, Vorhängen aus Luftballons oder was auch immer von oben herunterhängen kann, sollte sich danach auch recht einfach gestalten. Damit das Pferd Sie bei solchen Übungen nicht von hinten her über den Haufen rennt, sollte es im Führtraining gelernt haben, dass es auf keinen Fall an Ihnen vorbeidrängeln darf. Sie können jedoch auch das Pferd vor sich her schicken, wenn die Führübungen von hinten gut sitzen. Oder Sie schicken es im Bogen um sich herum, longieren es praktisch durch das Flattertor hindurch, wenn innen kein Pfosten im Weg steht.

Longen, Leinen, Ziehen von Gegenständen

Das Gewöhnen an die Berührung (vor allem der Hinterhand) durch Longe, Leinen, Gerte oder Peitsche geht im Prinzip genauso vonstatten und baut auf dem Aussacken auf. Berühren Sie das Pferd mit diesen Gegenständen und setzten dabei die Stimme beruhigend ein. Im Gegensatz zum Aussacken ist es jedoch bei diesen Lektionen nicht mehr erwünscht, dass das Pferd wegspringt. Vor allem, wenn Sie

Longe oder Leinen um die Hinterhand herumführen, sollte es nicht mehr wild herumhopsen oder gar ausschlagen. Um das zu verhindern, setzen Sie Ihre Stimme und das verbale Kommando für »Halt« ein (das Pferd sollte es aus den Grundsatzlektionen kennen und befolgen).

Mit der Zeit soll es diese Hilfsmittel als »Signalgeber« akzeptieren. Achten Sie also darauf, dass es keine Angst vor ihnen bekommt, bzw. seine unter Umständen vorhandene Angst davor verliert. Respekt vor der Gerte kann es jedoch haben – ein festerer Klaps im richtigen Moment, wenn es einen groben Verstoß gegen die Rangordnung begangen hat, verweist es in seine Schranken. Setzen

Das junge Pferd hat keine Angst vor dem Einwickeln mit dem Seil.

Sie die Gerte als Strafe jedoch immer nur unterhalb der Linie Schulter-Hüfte des Pferdes ein. Hals und Kopf sind für strafende, festere Gertenschläge tabu.

Lässt sich das Pferd aussacken und mit Seilen und Leinen überall von Ihnen berühren, dann können Sie es regelrecht einwickeln. Benutzen Sie knisternde Planen dazu oder fuhren Sie ein weiches dickes Seil rund um das Pferd – von der Brust seitlich bis zur Hinterhand, unter dem Schweif durch und wieder nach vorne. Fixieren Sie es evtl. durch eine Schlaufe über den Hals. Soll Ihr Pferd später auch gefahren werden, dann ist dies eine gute Vorübung zum Ziehen.

Mit dieser Übung verbessern Sie gleichzeitig das Körpergefühl des Pferdes. Es gibt nämlich genügend »kleine Büffel«, die nicht so genau wissen, wo ihr eigener Körper zu Ende ist und aus diesem Grund ihre Ausbilder immer mal wieder anrempeln.

Wenn das Pferd mit dem Longiergurt vertraut ist, können Sie dann schon versuchen, das Pferd an der Hand verschiedene Dinge ziehen zu lassen. Beginnen Sie mit »leisen Gegenständen«. Autoreifen eignen sich gut dafür. Sie sind weich, ohne scharfe Kanten und haben genug Gewicht, um das Pferd auch spüren zu lassen, dass es etwas zieht. Lassen Sie das Zugseil so lang, dass der Reifen dem Pferd nicht in die Hinterbeine gerät. Vermeiden Sie bei den ersten Übungen eine feste Verbindung des zu ziehenden Gegenstandes mit dem Pferd. Hängen Sie z.B. den Reifen mittels einer Schlaufe mit lösbarem Panikknoten an den Longiergurt und halten Sie das Ende des Zug-Seils in der einen und den Führstrick in der anderen Hand. Sollte das Pferd Anzeichen von Panik zeigen dann lösen Sie die Verbindung zum Reifen durch einfaches Ziehen. (Sie können auch das Zugseil einfach durch einen Ring im Longiergurt ziehen und das andere Ende in der Hand halten – dann brauchen Sie einfach nur loszulassen.) Damit verhindern Sie, dass Ihnen das Pferd während eines »Angstanfalls« mitsamt dem Reifen hinter sich durchgeht und den angstauslösenden »verfolgenden« Gegenstand nicht los wird. Genauso verfahren Sie mit jedem neuen Gegenstand, der das Pferd erschrecken könnte. Als Übung für Fortgeschrittene bieten sich »laute Gegenstände« wie Plastiksäcke oder der berühmte Klappersack an.

Der Arbeit mit Longe und Doppellonge sowie dem Fahren vom Boden steht nach diesem Angstbewältigungs-Training nichts mehr im Wege. Damit haben Sie auch in Trab und Galopp schon ohne Reiter viele Möglichkeiten der Feinabstimmung und der Gymnastizierung.

An das Zischen von Spraydosen, aufklappende Regenschirme oder an spritzende Wasserschläuche gewöhnen Sie das Pferd auf die gleiche Weise. Nähern Sie sich schrittweise mit den gefährlichen Gegenständen. Binden Sie das Pferd nicht an, sondern lassen ihm am langen Strick die Freiheit, wegzuspringen, wenn ihm die Distanz zu gefährlich erscheint. Reden Sie ihm beruhigend zu und bleiben selbst ganz

Gewöhnung an den Wasserschlauch ...

ruhig. Machen Sie das lange genug, dann wird das Pferd Sie mit den angsterzeugenden Dingen immer näher an sich heranlassen.

Gewöhnungsprogramm für Gebiss und Wurmkur

Recht früh müssen Sie Ihr Pferd daran gewöhnen, sich das Maul öffnen zu lassen bzw. sich etwas ins Maul spritzen zu lassen – und sei es nur die Wurmkur. Klappt das mit der Wurmkur, dann geht es später auch mit einem Trensengebiss recht einfach. Beginnen Sie einfach damit, dem Pferd einen Finger ins Maul zu schieben. Natürlich nicht zwischen die Zähne sondern seitlich in den Bereich der zahnfreien Kieferknochen. Akzeptiert das Pferd den Finger im Maul, dann veranlassen

und an Regenschirme

Sie es das Maul zu öffnen, indem Sie mit dem Finger ein wenig auf die Zunge des Pferdes drücken. Es wird den Finger ausspucken wollen und dabei das Maul öffnen. Reicht ein Finger dazu nicht, dann nehmen Sie zwei oder drei und spielen ein wenig auf der Zunge herum. Das Pferd wird schließlich die Nase bzw. das Maul so voll (mit Ihren Fingern) haben, dass es dies freiwillig öffnet, ohne dass Sie unangenehmen Druck auf die Kieferknochen ausüben müssten. Nun können Sie ihm vorsichtig und ohne an die Zähne anzustoßen ein Gebiss ins Maul schieben. Um die Prozedur zu versüßen, können Sie das Gebiss mit Honig oder Sirup einreiben. Gebisse aus Kupfer oder rostendem Eisen erfüllen eine ähnliche Funktion. Sie schmecken den meisten Pferden gut genug, um die Verbindung »Gebiss = Angenehm« herzustellen.

Lassen Sie das Gebiss eine Weile im Maul und entfernen es dann wieder ohne es dem Pferd gegen die Zähne zu schlagen. Schließlich haben Sie das Pferd so ganz nebenbei zum ersten Mal aufgetrenst.

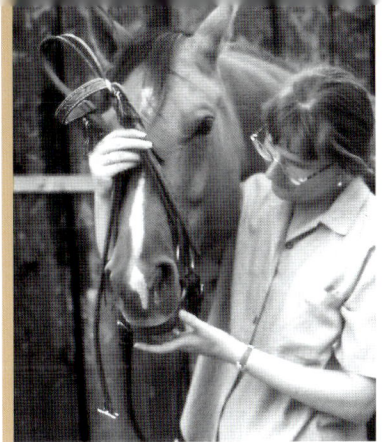

Auftrensen.

Voraussetzung für diese Auftrensübung ist, dass sich das Pferd überall von Ihnen berühren lässt und dass es den Kopf auf Druck im Genick senkt (siehe Grundsatzübungen). Auch wenn Sie noch weit entfernt vom eigentlichen Anreiten sind oder gebisslos anreiten wollen, können Sie mit Ihrem jungen Pferd diese Übung als vertrauensbildende Lektion schon machen.

Wollen Sie das Pferd vorerst nur an die Wurmkurspritze gewöhnen, gehen Sie anfangs genauso vor. Spritzen Sie ihm später mit einer großen Spritze Apfelsaft oder -sirup ins Maul – es wird später um die Wurmkurspritze »betteln«, wenn es sie erst einmal mit »angenehm« in Verbindung gebracht hat.

Das Überwinden von »unsicherem« Grund und Engpasstraining

Wippen, Brücken, Planen, Wasser und Brücken mit Geländer, Hohlwege/Tunnel, Pferdeanhänger. Die folgenden Übungen sind stark vertrauensbildend, weil sie das Pferd dazu bringen, seine Angst zu überwinden und den Anweisungen des Ausbilders zu vertrauen. Sie gehen Hand in Hand mit den im nächsten Abschnitt folgenden Trailübungen der Bodenarbeit, die die bessere Koordination des Pferdes bzw. die Feinsteuerung (und damit die bessere Kontrolle) des Pferdes durch den Ausbilder ermöglichen sollen. Auch die Trailübungen – vor allem, die rückwärts orientierten – dienen natürlich dem Vertrauensaufbau zwischen Pferd und Ausbilder und damit dem Angstabbau. Sie gehen jedoch noch einen zusätzlichen Schritt in Richtung gezielter Kontrolle des Pferdes und Gehorsamsaufbau und sind deswegen erst im nachfolgenden Kapitel zusammengefasst. Sie können Sie jedoch ohne Weiteres mit den Lektionen der Angstbewältigung mischen oder auch vorziehen. Wählen Sie passende Übungen je nach Verhalten des Pferdes aus. Nicht jedes Pferd hat vor den gleichen Dingen Angst. Das eine Pferd macht Probleme mit rückwärts orientierten Übungen, das andere hat besondere Schwierigkeiten mit klappernden Gegenständen. Ordnen Sie Übungen zur Angstbewältigung und Übungen zur besseren Koordination in der Reihenfolge, wie sie für Ihr spezielles Pferd sinnvoll erscheinen. Während der grundsätzlichen Übungen des Führens und des Ausweichtrainings hat Ihr Pferd Ihnen schon gezeigt, wo seine besonderen Probleme liegen. Beginnen Sie immer mit Dingen, die Ihrem Pferd (und Ihnen

Die Aufmerksamkeit des Pferdes auf einen bestimmten Punkt fixieren – auch wenn es sich widersetzt.

selbst) leicht fallen, und arbeiten sich langsam zu den komplizierteren Übungen vor.

Um das Pferd bei der Bodenarbeit dazu zu bringen, über knisternde Planen, wippende Bohlen, durch Felder voller Luftballons, durchs Wasser oder in den Hänger zu gehen, können Sie

1. vor dem Pferd hergehen, es also führen oder

2. Ihre Steuerungsmechanismen aus dem Ausweichtraining einsetzen und das Pferd alleine schicken (bzw. von hinten führen).

Beide Möglichkeiten sind legitim. Sie können bei einzelnen Übungen auch erst führen und später das Pferd schicken. Bei für Sie selbst ungefährlichen Hindernissen – solchen, bei denen das Pferd noch einen weiteren Ausweg hat, und Sie ihm bei einer panischen Kurzschluss-Reaktion nicht im Wege stehen – können Sie vorausgehen. Wollen Sie das Pferd jedoch z.B. durchs Wasser oder durch eine Engstelle mit festen Wänden bugsieren, ist es immer sinnvoller, es zu schicken. Im ersten Fall behalten Sie immerhin selbst trockene Füße, im zweiten werden Sie nicht über den Haufen gerannt, wenn das Pferd die Nerven verliert und seine Angst den Respekt vor dem Ausbilder übersteigt. Das Schicken des Pferdes ist insgesamt deutlich sicherer für Sie selbst, weil Sie weiter vom Pferd weg bleiben können.

Die Aufmerksamkeit des Pferdes auf einen ausgewählten Punkt richten

Zu Beginn eine ganz wichtige Regel für Übungen, bei denen das Pferd dazu gebracht werden soll, einen »angstbesetzten Weg« zu wählen. Erlauben Sie dem Pferd nicht, seine Aufmerksamkeit von dem Weg, den es nehmen soll, abzuziehen. Sie können leicht beobachten, dass das Pferd sich nicht mit der Möglichkeit, diesen – unsicher scheinenden – Weg zu gehen, auseinandersetzen will; es dreht seinen Kopf von der vermeintlichen Gefahrenquelle weg und will sie nicht ansehen. Genau dazu müssen Sie es aber bringen. Es soll sich damit – und mit Ihren Wünschen natürlich – beschäftigen. Setzen Sie also alles ein was Sie an »Störfaktoren« zu bieten haben, um die Aufmerksamkeit des Pferdes bei der Sache zu halten. Rucken Sie am Halfter, wenn es den Kopf wegdrehen will, positionieren Sie mit Gerte oder Seilpropeller Vor- oder Hinterhand neu, wenn es sich von dem vorgegebenen Weg entfernen will. Kurz – machen Sie alle Richtungen unbequem, die Sie nicht wollen. Wählen Sie einen Punkt auf der zu überwindenden Plane oder Brücke aus, auf den Sie die Aufmerksamkeit des Pferdes (und seinen Blick) fixieren wollen und verhindern Sie auf jeden Fall durch Störaktionen, dass sich das Pferd eine kleine Entspannungspause verschafft, indem es in eine andere Richtung schaut. Es soll sich erst entspannen, wenn es das getan hat, was Sie als Ausbilder von ihm wollen. Die psychische Spannung, die damit aufgebaut wird, dass es sich beständig mit der eigenen Angst auseinandersetzen muss, wird ihm mit der Zeit genauso unangenehm wie eine körperliche Spannung. Es will sich dieser Spannung entziehen, indem es den angstbesetzten Gegenstand einfach »ausblendet« also von ihm wegschaut. Genau das dürfen Sie nicht zulassen. Nerven Sie es also jedesmal mit Störaktionen in Form der Zermürbungstaktik, wenn es sich auf diese Weise entziehen will.

Am Beispiel einer Brücke will ich die folgenden Arbeitsschritte nach

Aufmerksam über eine Wippe ...

beiden Methoden (führen und schicken) am Boden beschreiben. Für alle anderen angstbesetzten Hindernisse gilt prinzipiell das Gleiche.

1. Führen:

Bringen Sie das Pferd dazu, Ihnen in Ihrer Spur zu folgen. Das ist gar nicht so einfach. Gerade eine schmale Brücke ohne Geländer bietet dem Pferd genug freien Raum, Ihnen brav zu folgen, ohne dass es dabei einen Fuß auf die Brücke setzt. Es kann nämlich genausogut neben der Brücke laufen ohne direkt den Gehorsam zu verweigern. Sie könnten sich nun einen Helfer nehmen, der das Pferd hinter Ihnen am Ausweichen hindert. Das ist jedoch nicht unser Ziel. Das Pferd soll schließlich auf Ihre Anweisungen und nicht auf irgendwelche Zwangsmaßnahmen eines weiteren Helfers reagieren.

Führen Sie also das Pferd an die Brücke heran, bleiben Sie selbst auf der Brücke stehen (sie sollten sich dabei zum Pferd umdrehen) und veranlassen es durch Zug am Führstrick, einen Fuß darauf zu setzen. Hat es den ersten Fuß darauf gesetzt, loben Sie es und lassen den Führstrick lose und das Pferd eine Weile ruhig stehen. Manche Pferde setzten erstmal nur probehalber einen Fuß auf die Bretter und nehmen ihn sofort wieder runter. Lassen Sie diesen genug Zeit, Vertrauen zum Untergerund zu bekommen und forcieren Sie keine weiteren Schritte. Erst, wenn der erste Fuß sicher steht, fordern Sie es durch erneuten Zug auf, auch den zweiten Fuß auf die Brücke zu setzen. Wieder loben und stehen lassen, usw., bis alle Beine auf der Brücke sind. Sie arbeiten dabei nach der Methode, mit der Sie das Pferd im Ausweichtraining zu sich herangeholt haben (es dazu veranlasst haben, auf Druck im Genick nach vorne nachzugeben). Achten Sie darauf, dass sich das Pferd nicht mental entzieht – also nicht von dem Punkt wegschaut, auf den Sie es fixieren wollen – und auf den es endlich die Beine stellen soll. Weicht es seitlich aus, so bewegen Sie sich vor ihm in die Richtung, in die es ausweicht und veranlassen es Ihrerseits, Ihnen mit Vor- oder Hinterhand nach der anderen Seite (wieder seitlich in Richtung Brücke) auszuweichen (siehe Ausweichtraining). Sie können zusätzlich auch Gertensignale für die seitliche Steuerung verwenden. (Ganz ängstliche Pferde können Sie auch zuerst quer, dann schräg und schließlich längs über die Brücke führen. Achten Sie nur darauf, dass sich das Pferd bei der Quervariante nicht durch einen Sprung über die Brücke dem »Auf-die-Brücke-treten« entzieht.)

Arbeiten Sie geduldig so lange, bis das Pferd Ihnen längs über die Brücke folgt. Halten Sie es schließlich auf der Brücke an und fordern einen kleinen Schritt rückwärts. Klappt das, so loben Sie wieder ausgiebig – Sie können ihm auch einen kleinen Leckerbissen geben. Mit diesem Anhalten auf angstbe-

setzten Untergründen verringern Sie schließlich die Gefahr, dass Ihr Pferd Sie – später auf ähnlichen Hindernissen – überrennt, weil es den »unsicheren Grund« möglichst schnell wieder verlassen will. Üben Sie das am Ende auf einer Wippe (die ja nur eine andere Form der Brücke darstellt), so können Sie Ihr Pferd – immer einen Schritt vor- und zurück – publikumswirksam wippen lassen. Mit dem Vertrauensaufbau und dem Sicherheitstraining haben Sie ganz nebenbei Ihre erste Schaunummer trainiert. Die gleichen Übungen unter dem Sattel sind dann reine Formsache.

2. Schicken

Wollen Sie Ihr Pferd über die Brücke schicken, so bleiben Sie neben ihm oder schräg hinter ihm und

steuern es von der Seite oder von hinten. Im Ausweichtraining haben Sie dafür alle Steuerungsmechanismen erworben. Angenommen, Sie gehen links neben dem Pferd und wollen es über die Brücke schicken, die rechts liegt. Lassen Sie Vor- und Hinterhand des Pferdes seitlich nach rechts ausweichen, bis es direkt vor der Brücke steht. Um es darüber zu bugsieren, können Sie sich nun nach vorne, schräg vors Pferd, bewegen und es von der Seite darüber führen oder Sie bewegen sich nach hinten schräg neben die Hinterhand des Pferdes und schicken es nach vorne wie bei Führen von hinten.

Will es den Schritt auf die Brücke vermeiden, indem es Ihnen zu weit nach rechts ausweicht und die

Brücke zwischen sich und Sie bringt, so ziehen Sie seinen Kopf zu sich herüber und verhindern damit erstens, dass es seine Aufmerksamkeit von der Brücke abzieht und zweitens, dass es Ihnen davonläuft. Lassen Sie dann das Pferd evtl. erst einmal einen schrägen Schritt über die Brücke auf Sie zu machen. Dabei holen Sie das Pferd im Prinzip wieder zu sich heran statt es zu schicken.

Führen und Schicken laufen also in vielen Bereichen ineinander. Reagieren Sie bei der Steuerung des Pferdes einfach situationsabhängig – je nach Ihrer relativen Position zum Pferd – und je nach Gefährlichkeit, d.h. Zahl der Auswege für das Pferd bei der Lektion. Beide Arten der Steuerung können Sie nicht nur für

die Angstbewältigung, sondern auch später bei Richtungswechseln ohne Bewegungsunterbrechung an der Longe (oder bei der freien Roundpen-Arbeit) wieder gebrauchen. Wie Sie später noch deutlicher sehen können, basieren die Lektionen der Angstbewältigung und der Gymnastizierung an der Longe auf den gleichen Grundübungen des Ausweichtrainings. Der Gehorsam an der Longe wird durch die Übungen der Angstbewältigung erreicht und gefördert.

Mit Pferden, deren Vertrauen in Sie gefestigt ist, können Sie alle Übungen auch im Gelände z.B. bei Wasserdurchquerungen trainieren. Sie können es auf kleine Hügel schicken und wieder herunterholen, ohne sich selbst von der Stelle zu

Der Hänger ist auch nur ein trainierbares Hindernis.

5

bewegen. Sie können es über Baumstämme treten oder springen lassen.

Ganz nebenbei haben Sie damit auch das häufige Verladeproblem gelöst, denn Ihr Pferd lässt sich nach einigen Übungen dieser Art überall hinführen und schicken. Der Hänger ist auch nur eine Art von Trainingshindernis – nichts anderes.

Bodenarbeit: Gymnastik und Kondition

Neben der Ausbildung des grundsätzlichen Gehorsams und der Angstbewältigung kommt der Entwicklung der »richtigen« Muskeln des Pferdes besondere Bedeutung zu. Um einen Reiter überhaupt schadensfrei tragen zu können, muss das Pferd eine tragfähige Muskulatur ausbilden. Andernfalls werden Sehnen und Gelenke, vor allem aber der Rücken des Pferdes, der keinesfalls von Natur aus zum Tragen eines Reiters geschaffen ist, geschädigt. Zudem muss das Pferd eine gewisse Grundkondition erlangen, um mit dem zusätzlichen Gewicht des Reiters nicht vorzeitig zu ermüden und deswegen die Mus-

kulatur zu verkrampfen. Beides muss eine sinnvolle Longen- und/oder Roundpen-Arbeit leisten. Der Roundpen, ein hoch eingezäunter geschlossener Longierzirkel, stellt eine Arbeitserleichterung dar, auf die Sie in der ersten Zeit nicht verzichten sollten.

Im Ausweichtraining und in den Übungen zur Angstbewältigung haben Sie den Grundstein für Konditionierung und Gymnastizierung des Pferdes an der Longe gelegt. Das Pferd hat gelernt, Leinen und Longen um sich herum ohne Angst zu ertragen. Sie können das Pferd zu sich heranholen, wegschicken, um sich herumschicken

und anhalten – mehr brauchen Sie für die grundsätzliche Longenarbeit nicht. Bei Pferden mit schwierigem Gebäude kann es sinnvoll sein, schon früh mit Longiergurt und Hilfszügeln zu arbeiten. Dazu müssen Sie das Pferd natürlich erst an

Der Roundpen als Lockerungs- und Gymnastizierungshilfe: oben/Seite 82 verspanntes Pferd mit zuviel Belastung auf dem inneren Vorderbein – unten/Seite 83 rechts und links: das Pferd nach der Arbeit in guter Selbsthaltung (links) und mit entspannter Oberlinie (rechts).

(siehe Angstbewältigung/Gewöhnungsprogramme).
Grundsätzlich zählt nur der pferdeschonende Erfolg Ihrer Longen- oder Roundpen-Arbeit. Ob Sie mit oder ohne Gebiss, mit oder ohne Hilfszügel arbeiten ist dabei nicht wesentlich. Wichtig ist nur, dass sich das Pferd abstreckt, den Rücken dehnt, sich an der Longe biegen lässt und die verschiedenen Kommandos zum Verlangsamen, Beschleunigen und Wechseln der Gangart kennen und befolgen lernt.

beides gewöhnen. Das Anlegen eines Longiergurtes sollte nach dem Aussacken kein Problem sein. Was Sie Ihrem Pferd bei der Longenarbeit an den Kopf schnallen, hängt von Ihren eigenen Vorlieben sowie dem Charakter und Exterieur Ihres Pferdes ab. Wollen Sie mit Trense arbeiten, dann gewöhnen Sie das Pferd vorher langsam ans Gebiss

Und vor allem: Beginnen Sie nicht zu früh mit dem Longieren. Führtraining, Ausweichübungen und Angstbewältigung können – in Maßen – schon mit einem Jährling durchgeführt werden; mit dem ernsthaften Longieren (vor allem im flotteren Trab und erst recht im Galopp) sollten Sie sich jedoch Zeit lassen, bis das Pferd mindestens zweieinhalb, besser drei Jahre alt ist. Durch die Zentrifugalkraft auf der Zirkellinie wirken nämlich beträchtliche Kräfte auf den Bewegungsapparat des Pferdes ein, wenn es sich schnell im Kreis herumbewegt.

Die Zentrifugalkraft bei schneller Kreisbewegung belastet vor allem das innere Vorderbein des noch unausbalancierten Pferdes.

Longieren ohne Hilfszügel – die natürliche Methode

Bei dieser Art der »minimalistischen Longenarbeit« arbeiten Sie nur mit einem Halfter (oder Kappzaum) am Kopf des Pferdes. Eine handliche, nicht zu schwere Peitsche (Fahrpeitschen sind angenehm leicht) und eine leichte, weiche Longe, die nicht zum Verdrehen und Knotenbilden neigt, runden Ihr Handwerkszeug ab. Achten Sie darauf, dass alle Riemen am Kopf des Pferdes so verschnallt sind, dass sie dem Pferd nicht ins Auge rutschen – auch wenn Sie einmal kräftig daran rucken oder ziehen müssen. Hängen Sie die Longe so ein, dass Sie nichts umschnallen müssen, wenn Sie das Pferd die Richtung ändern lassen. (Beim Kappzaum

vorne am Ring auf dem Nasenriemen – beim Halfter unter dem Kinn.)

Die natürliche Methode hat anfangs entscheidende Vorteile gegenüber der klassischen Methode:

1. Das Pferd fühlt sich nicht eingezwängt und kann seine natürlichen Bewegungen frei entfalten.

2. Sie können Richtungswechsel einfacher ausführen als mit einem »verschnürten« Pferd.

Bei der klassischen Methode entstehen – besonders am Anfang – oft Spannungen beim Pferd, welches sich gegen eine ihm ungewohnte Haltung wehrt. Diese verschwinden zwar meist im Laufe der weiteren Ausbildung wieder, doch geht trotzdem dabei manchmal ein Teil der natürlichen Bewegungs-Eleganz des

Pferdes verloren. Im Verlauf einer aufbauenden, versammelnden Longenausbildung wird die Verwendung von Hilfszügeln selten völlig zu umgehen sein (es sei denn, Sie arbeiten mit der Doppellonge bzw. am langen Zügel). Für die Grundschule an der Longe kann jedoch bei vielen Pferden (solchen ohne gravierende Gebäudemängel) darauf verzichtet werden – vorausgesetzt Sie haben die volle Aufmerksamkeit Ihres Pferdes. Haben Sie die nicht, dann wird Ihr Pferd an der Longe tun, was es für richtig hält und Ihre Signale ignorieren, solange es etwas anderes Interessantes sieht. Und ohne diese Aufmerksamkeit können Sie es nicht biegen (zum Dehnen der äußeren Seite veranlassen) und deswegen auch die richtige Musku-

latur nicht entwickeln. Um Aufmerksamkeit von Ihrem Pferd zu erlangen, haben Sie jedoch das Ausweichtraining durchgeführt. Wenn Ihr Pferd nun also in der Gegend herumschaut und sich nicht für Sie interessiert, dann haben Sie mit den Ausweichübungen ein Korrekturinstrument, um es wieder auf Sie und Ihre Körpersignale einzustimmen. Schaut es nach außen, machen Sie einen Schritt in Richtung seiner Hinterhand und/oder rucken einmal kurz am Halfter. Es wird mit der Hinterhand nach außen weichen, Sie anschauen (weil es das im

Longieren ohne Hilfszügel mit guter Biegung und Selbsthaltung des Pferdes, oben mit einem älteren Pferd auf einem engen Kreisbogen, unten mit einem jungen Pferd auf einem weiteren Kreis.

Ausweichtraining so gelernt hat und weil es Sanktionen befürchtet, wenn es nicht auf Drohgebärden des Ranghöheren achtet) – und schon ist es wieder aufnahmebereit für Ihre Signale. Mit einem deutlichen Schritt in Richtung Hinterhand können Sie das Pferd auch zu sich hereinholen. Je weiter es mit der Hinterhand nach außen dreht, desto weiter kommt es mit der Schulter herein in die Zirkelmitte. Gehen Sie dann selbst einige Schritte rückwärts und fordern damit (und mit Stimmsignalen) das Pferd dazu auf, Ihnen zu folgen. Es sollte auf diese Weise zu Ihnen in die Mitte kommen. Damit haben Sie nun schon die Grundlage für einen Richtungswechsel in der Bewegung: Sie brauchen nur noch

zur Seite zu gehen und einen Schritt auf die (vorher äußere) Schulter des Pferdes zu machen, dann treiben Sie es damit auf die andere Hand wieder auf die Zirkellinie heraus.

Verschnallung des Kappzaumes.

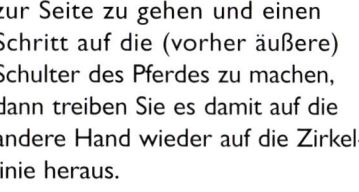

Eilt das Pferd Ihnen davon, so bewegen Sie sich in Richtung seiner Schulter, um es zu verlangsamen. Nicht zu weit, sonst halten Sie es mit diesem Signal an. Geht es nicht vorwärts, so gehen Sie schräg hin-

So sitzt das Sidepull richtig.

ter die Hinterhand. Gegebenenfalls helfen Sie in beiden Fällen mit der Peitsche nach; zum Verlangsamen halten Sie sie vor die Schulter des Pferdes, zum Beschleunigen hinter die Hinterhand.

Drängt das Pferd nach innen von der Zirkellinie weg, so zeigen Sie mit Ihrer Peitsche auf die innere Schulter und machen zusätzlich ein paar Schritte auf die Schulter des Pferdes zu. Es wird mit der Schulter nach außen weichen und sich auf diese Weise wieder nach außen auf die Zirkellinie begeben. Achten Sie darauf, dass Sie nicht vor die Schulter des Pferdes geraten – dann würde es anhalten oder verlangsamen statt nach außen zu weichen. Sind Sie zu weit hinten, entzieht sich das Pferd durch »Flucht nach

Das Pferd interessiert sich nicht für den Longenführer. Das zeigt seine Außenstellung.

Das Pferd ist aufmerksam und wartet auf Signale.

vorn«. Wie bei den verschiedenen Seitwärtsbewegungen im Ausweichtraining müssen Sie auch an der Longe den genauen Punkt des Pferdes mit Ihrer eigenen Bewegungsrichtung treffen, um die seitwärts treibende Wirkung zu bekommen.

Im Prinzip machen Sie auch nichts anderes als Ausweichübungen – nur dass Sie jetzt weiter vom Pferd entfernt sind.

Achten Sie darauf, dass das Pferd nach innen zu Ihnen schaut – auch, wenn es mit der Schulter nach außen ausweicht, soll es seine Aufmerksamkeit nicht von Ihnen abwenden. (Unter dem Reiter wäre dieses Heraustreiben der Schulter nichts anderes als ein Vergrößern des Zirkels im Schenkelweichen.)

Das Pferd kann nun jedoch auch nach außen drängen. In einem geschlossenen Longierzirkel oder Roundpen ist das im Allgemeinen nicht so schlimm, denn ganz außen ist die Bande – und da gehts nicht mehr weiter. Haben Sie eine solche Longierhilfe nicht, kann ein nach außen zerrendes Pferd ganz schön unangenehm werden. Doch auch hier können Sie sich mit den Übungen des Ausweichtrainings helfen. Der Schritt in Richtung inneres Hinterbein dreht die Hinterhand

des Pferdes nach außen und damit die Schulter und den Kopf nach innen. Gehen Sie nach dieser Reaktion schräg innen hinter die Hinterhand des Pferdes, um es wieder vorwärts zu treiben. Andernfalls bleibt es evtl. ganz stehen und

schaut Sie an, wie es das im Ausweichtraining gelernt hat.
Tempo- und Gangartenwechsel, Anhalten, sowie Antreten, Antraben, Angaloppieren aus dem Halten und aus dem Rückwärtsrichten und Biegung auf verschieden großen

Positionen des Ausbilders bei der Longenarbeit.

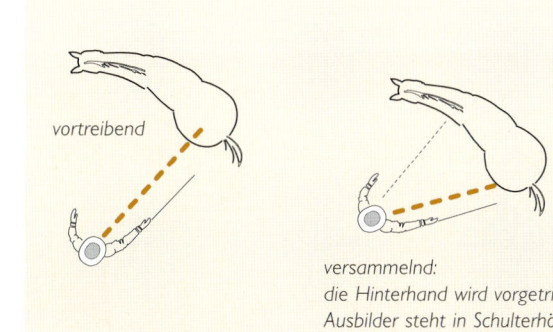

vortreibend

versammelnd:
die Hinterhand wird vorgetrieben, der
Ausbilder steht in Schulterhöhe des Pferdes

bremsend

Richtungswechsel: Das Pferd zu sich hereindrehen ...

... und in die andere Richtung wegschicken.

Zirkelradien sorgen nun für die Gymnastizierung in der Longenarbeit. Dazu später mehr, denn diese Übungen sind in fast gleicher Form mit der minimalistischen Longenarbeit, mit dem freien Pferd und mit der klassischen Longierausrüstung zu bewerkstelligen.

Freie Arbeit im Roundpen

Wollen Sie sich nicht mit der unhandlichen Longe belasten, können Sie Ihr Pferd auch frei longieren. Dazu brauchen Sie aber auf jeden Fall einen fest und sicher eingezäunten Roundpen bzw. Longierzirkel. Alles, was Sie mit dem Pferd an der Longe üben können, können

Sie auch mit dem freien Pferd machen. Sie stützen sich dabei auf die Reaktionen aus dem Führ- und Ausweichtraining. Ab und zu müssen Sie selbst schnell reagieren und laufen können, damit sich das Pferd nicht Ihren Signalen durch Flucht nach vorn entzieht. Im Roundpen kann sich das Pferd jedoch nie mehr als zehn Meter von Ihnen entfernen, wenn Sie in der Mitte stehen. Mit etwas Übung und Augenmaß lernen Sie sehr schnell, an welchen Punkt auf dem Außenradius Sie laufen müssen, um ein Pferd zu stoppen oder zu drehen.

Richtungskontrolle

Beginnen Sie mit der Richtungskontrolle. Angenommen, das Pferd läuft auf der linken Hand im Trab. Sie wollen auf die rechte Hand wechseln. Die einfachste Möglichkeit ist, das Pferd zu stoppen und zu einer Wendung nach außen zu veranlassen. Die Westernreiter sagen Roll Back dazu, wenn es sich um eine schnell gesprungene 180°-Wendung handelt. Ob das Pferd seine erste Wendung schnell oder langsam aus-

führt, ist jedoch zuerst einmal unwesentlich. Wichtig ist: Sie haben es zu einem Richtungswechsel veranlasst.

Was ist im Einzelnen zu tun:

Suchen Sie sich einen Punkt an der Umzäunung des Roundpen, den Sie vor dem Pferd erreichen können, und bewegen sich schnell und gezielt darauf zu. Wenn Ihr Pferd nur eine halbwegs erfolgreiche Grunderziehung genossen hat, wird es abstoppen, um Sie nicht über den Haufen zu rennen. Da Ihre Bewegungsrichtung von innen nach außen gerichtet ist, wird es dabei mit der Schulter nach außen ausweichen – gehen Sie nun weiter auf die Schulter zu, wird das Pferd sich zum Zaun hin umdrehen und in die

andere Richtung weiterlaufen. Treiben Sie es nun – sich schräg hinter die Hinterhand bewegend – mit Stimmkommandos in die Gangart, die es vorher hatte. Ihr erster Richtungswechsel ist geglückt.

Richtungswechsel in Form eines Roll Back nach außen.

Mit vielen Richtungswechseln hintereinander können Sie auch einen Düsewind, der wie angestochen im Roundpen herumgaloppiert, verlangsamen und schließlich sogar zur Ruhe bringen und anhalten. Dazu müssen Sie jedoch selbst ein wenig rennen. Veranlassen Sie Ihren Wirbelwind zum Richtungswechsel, wie oben beschrieben. Er wird wahrscheinlich einen sauberen Roll Back aus dem Galopp auf der einen Hand in den Galopp auf der anderen Hand springen. Rennt Ihr Pferd gleich wieder los, so stoppen Sie es erneut, so schnell Sie können. Und so weiter – bis die Sache dem Pferd zu anstrengend wird und es sich immer mehr Zeit lässt, bevor es nach dem Richtungswechsel wieder los saust. Haben Sie selber noch

Luft genug, so können Sie die gewünschte Verlangsamung mit Stimmhilfen unterstützen. Irgendwann wird es langsamer werden oder sogar stehen bleiben und Sie anschauen. Fordern Sie es nun auf, zu Ihnen zu kommen, loben es und lassen es eine Weile ruhig bei Ihnen stehen. Vermutlich wird es nach dieser Aktion schnaufen und pusten. Warten Sie, bis es sich beruhigt hat und versuchen dann, mit kontrollierter Arbeit in kontrolliertem Tempo zu beginnen.

Verlangsamen

Das Verlangsamen und Stoppen des Pferdes ergibt sich zwangsläufig aus der Richtungskontrolle. Treten Sie dem Pferd zum Verlangsamen nur halb in den Weg (schräg neben/vor die Schulter) und etablieren Sie

dabei Stimmhilfen für Schritt, Trab, Langsamer und Schneller (innerhalb einer Gangart) etc. Oder versperren Sie ihm den Weg durch einen Schritt direkt vor Kopf und Schulter und etablieren das Kommando Ho oder Halt (was das Pferd aus dem Führtraining eigentlich schon kennen sollte).

Beschleunigen

Das Beschleunigen des Pferdes lässt sich durch Ihre Position schräg innen hinter der Hinterhand des Pferdes in Verbindung mit Stimm- und Peitschenhilfen einfach bewerkstelligen. Gewöhnen Sie das Pferd daran, auf verbale Kommandos anzutraben und anzugaloppieren. Dann fällt ihm später unter dem Sattel das Verstehen der treibenden Schenkelhilfen in Verbindung mit der bekannten Stimmhilfe umso leichter.

Haben Sie grundsätzliche Kontrolle über Ihr frei laufendes Pferd, dann steht der freie Richtungswechsel nach innen (wie Sie ihn auch mit

Der Richtungswechsel nach innen sichert Ihnen mehr Aufmerksamkeit vom Pferd.

der Longe ausführen würden) auf dem Programm.

Beim Richtungswechsel nach außen entzieht das Pferd dem Ausbilder während der Wendung die Aufmerksamkeit. Deswegen ist es für eine vermehrte Feinkontrolle sinnvoll, wenn das Pferd beim Richtungswechsel nach innen dreht und Sie dabei weiterhin anschaut. Angenommen Ihr Pferd trabt linke Hand auf dem Zirkel. Stoppen Sie es und veranlassen es, Sie sofort nach dem Stopp anzusehen. (Machen Sie es mit Stimme oder einem Geräusch auf sich aufmerksam oder stoppen Sie es durch einen Schritt Richtung Hinterhand – dann sieht es Sie sowieso an.) Gehen Sie nun rückwärts und fordern das Pferd mit »Komm her« o.ä dazu

auf, Ihnen in die Mitte zu folgen (klappt das Folgen schlecht, versuchen Sie es mit einer kleinen Motivationshilfe in Form eines Leckerli). Bewegen Sie sich dann seitlich auf seine vorher äußere (rechte) Schulter zu und treiben es wieder auf die Zirkellinie heraus. Um dem Pferd noch deutlicher die Richtung zu zeigen, können Sie den rechten Arm ausstrecken, es deutlich in die neue Richtung stellen und wieder auf den Hufschlag hinaustreiben. Es befindet sich nun auf der rechten Hand. Das war er schon, der erste Richtungswechsel nach innen. Er kann durchaus erstmal langsam erfolgen, damit Sie selbst genug Zeit haben, sich in die jeweils richtige Richtung und relative Position zum Pferd zu bewegen. Treiben Sie das Pferd schließlich wieder in die Gangart hinein, in der es vor dem Richtungswechsel war. Mit der Zeit brauchen Sie das Pferd gar nicht mehr zu stoppen, sondern können es aus der Bewegung zu sich hereinholen, an sich vorbei laufen lassen und wieder auf die andere Hand wegschicken. In Vollendung könnten Sie damit sogar einen fliegenden Galoppwechsel mit dem freien Pferd trainieren.

Schwierigkeiten
Diese freien Übungen haben jedoch auch ihre Tücken. Erstens müssen Sie bei noch etwas rüpeligen Jungpferden höllisch aufpassen, dass sie nicht einmal aus Übermut (oder auch Ärger) nach Ihnen keilen. Bleiben Sie also auf Sicherheitsab-

stand. Und zweitens führen manche Pferde die geforderten Lektionen nur schlecht und recht aus, ohne sich dabei zu biegen oder abzustrecken. Das Mischen mit Übungen an der Longe oder dem langen Führseil für bessere und direktere Kontrolle des Pferdes kann im zweiten Fall sinnvoll sein.

Longieren
mit klassischer Ausrüstung
Das Longieren des Pferdes mit Trense, Kappzaum und Ausbindern, Schlaufzügeln oder Chambon ist eine bewährte und verbreitete Methode in der klassischen Ausbildungsweise.
Beachtet man einige wichtige Richtlinien, dann kann man wenig Schaden damit anrichten. Ein wesentli-

cher Punkt bei dieser Longiermethode ist, dass das Pferd sich schon früh ans Trensengebiss gewöhnt und lernt, einen Druck im Maul durch Nachgeben im Genick auszugleichen. Eine starke Außenstellung und ein Hochreißen des Pferdekopfes kann durch die Hilfszügel verhindert werden. Das Pferd ist von Anfang an leichter kontrollierbar. (Sitzt die Grunderziehung durch das Ausweichtraining jedoch sicher, dann ist fast jedes Pferd auch am Halfter ohne Hilfszügel kontrollierbar.)
Auch bei Verwendung von Hilfszügeln müssen Sie jedoch nicht unbedingt gleich mit einem Gebiss arbeiten. Der Kappzaum oder das Sidepull bieten genug Möglichkeiten, Hilfszügel einzuschnallen. Die

Kontrolle von Hals und Kopf funktioniert dann eben über die Nase oder übers Genick und nicht über das Maul.

Nun gibt es allerdings ein paar »Todsünden« beim klassischen Longieren, die man auf keinen Fall begehen sollte. Nachfolgend ein paar grundsätzliche Richtlinien zur Vorgehensweise und Verwendung der Hilfsmittel.

Todsünden

1. Verschnüren Sie das Pferd nicht gleich wie ein Päckchen, sondern gewöhnen es langsam an den Druck im Maul oder auf der Nase durch Trensengebiss und/oder Hilfszügel. Verwenden Sie ein doppelt gebrochenes Gebiss. Wenn Sie Ausbinder verwenden wollen, schnallen Sie sie am Anfang ganz lang und verkürzen sie Schritt um Schritt sehr vorsichtig. Viele Pferde reagieren geradezu panisch, wenn sie – ohne große Vorwarnung – auf einmal den Kopf nicht mehr heben können. Die Einschränkung ihrer Bewegungsfreiheit erzeugt psychische und körperliche Spannung. Schon manches zu früh und zu stark ausgebundene Pferd hat sich in einem Panikanfall überschlagen. Verspannte Muskeln im Hals- und Genickbereich sind jedoch das Mindeste, was Sie sich bzw. Ihrem Pferd einhandeln, wenn Sie unbedacht mit Hilfszügeln umgehen. Die untrainierte Muskulatur des Pferdes verträgt eine zu starke Dehnung der Oberhalslinie nicht und reagiert mit schmerzhaften Verspannungen.

Binden Sie dem Pferd auch das Maul nicht gewaltsam zu. Das hannoversche Sperrhalfter, welches die Trense in die Maulwinkel quetscht und den meisten Pferden (vor allem natürlich denen mit extrem kurzer Maulspalte) zu tief auf der Nase sitzt und dabei womöglich noch die Atmung behindert, gehört meiner Ansicht nach Auf-Nimmer-Wiedersehen in die Mottenkiste. Das nicht zu stramm geschnallte englische Reithalfter reicht vollkommen aus – wenn überhaupt ein Nasenriemen notwendig ist. Sperrt das Pferd das Maul auf, dann werte ich das als Zeichen mangelhafter Durchlässigkeit und bemühe mich, den Fehler durch Grundlagenarbeit zu beheben. Das gilt vor allem fürs Reiten, jedoch auch für Longenarbeit, bei der das Pferd eine Trense trägt. Dem Pferd das Maul zuzuschnüren, bekämpft allerhöchstens ein Symptom und nicht die Ursache des Maulaufsperrens und hilft außerdem meistens nichts. Benutzen Sie einen Kappzaum, müssen Sie allerdings den Nasenriemen (und den Kinnriemen) ziemlich eng schnallen, damit der Kappzaum nicht verrutscht und seine Backenstücke dem Pferd nicht in die Augen geraten. Benutzen Sie Kappzaum plus Trense, dann versuchen Sie, die Ledermenge am Kopf des Pferdes möglichst zu reduzieren. Stellen Sie sich vor, Ihnen würde einer den Kopf mit Riemen verschnüren – Sie fän-

den das sicher auch nicht so angenehm. Experimentieren Sie doch mal mit einem in den Kappzaum eingehängten Gebiss, sodass Sie das Kopfstück für die Trense sparen. Oder benutzen Sie eine spanische Serreta, die nur mit dünnen Leder-Riemen unter das Trensenkopfstück geschnallt wird. Nehmen Sie aber eine gut gepolsterte oder polstern Sie sie nachträglich, so dass die gezackte Metallseele keinen Schaden auf der Nase des Pferdes anrichtet.

2. Hilfszügel sind auf keinen Fall dazu da, das Pferd auf Dauer in eine bestimmte Haltung zu zwingen (das gilt fürs Longieren wie fürs Reiten). Sie sollen nur verhindern, dass es sich selbst schadet, indem es z.B. mit weggedrücktem Rücken

läuft. Auch das Herbeiführen einer Innenstellung des Pferdes durch deutliches Verkürzen des inneren Ausbinders hat oft nicht den gewünschten Erfolg. Die meisten Pferde lernen nur, sich auf diesen kürzeren inneren Zügel draufzulegen. Zudem haben Sie natürlich dann mit Richtungswechseln Probleme, weil Sie immer umschnallen müssen. (Dauerhafte Innenstellung erreichen Sie nur dadurch, dass Sie die Aufmerksamkeit des Pferdes auf sich lenken – siehe Ausweichtraining.)

Lassen Sie das Pferd immer erst ein paar Runden mit langem Hals ohne Hilfszügel laufen. Und schieben Sie immer wieder Entspannungspausen mit langem Hals ein. Arbeiten Sie mit einem Chambon, dann kann das

Pferd sich ohne Probleme abstrecken. Arbeiten Sie mit Ausbindern, so müssen Sie sie von Zeit zu Zeit lösen, um dem Pferd die Entspannung vorwärts-abwärts zu ermöglichen.

Achten Sie immer darauf, die Hinterhand gut unterzutreiben, damit auch der Rücken schwingt. Es gibt nämlich genug »Künstler« unter den Pferden, die den Rücken durchhängen lassen, während Kopf- und Halshaltung vorne durch die Hilfszügelkonstruktion »ganz ordentlich« aussehen. Ein aufmerksamer Beobachter wird zwar immer sehen, dass da irgendwo ein Bruch in der Bewegung ist; wer sich aber nur auf eine bestimmte Haltung des Halses konzentriert, dem mag es entgehen, dass der Rücken »weg« ist.

3. Hängen Sie die Longe immer in den Kappzaum (oder ersatzweise das Halfter) ein und nie in die Trensenringe – nicht in den inneren und erst recht nicht über eine Verbindungsbrücke in beide. Damit ruinieren Sie dem Pferd mit Sicherheit das Maul. Mit dem Verbindungsstück erzeugen Sie mit einer normalen Trense die berühmte Nussknackerwirkung, bei der die beiden Teile des Gebisses im Gelenk eine Spitze Richtung Gaumen bilden und die Laden einzwängen. Das Gleiche passiert, wenn Sie die Longe in den äußeren Trensenring ziehen und sie dann unter dem Kinn des Pferdes durch den inneren Ring führen. (Bei Verwendung eines doppelt gebrochenen Gebisses schwächt sich die Wirkung etwas ab – die Laden

werden jedoch weiterhin eingequetscht.) Hängen Sie die Longe in den inneren Ring ein, dann ziehen Sie dem Pferd unter Umständen den äußeren Trensenring mit durchs Maul, wenn es nach außen drängelt. Kurz – die Longe soll nicht in direkter Verbindung zum Maul des Pferdes stehen.

Erst bei der fortgeschrittenen Arbeit mit der Doppellonge bzw. am langen Zügel können die beiden Leinen in die Trensenringe geschnallt werden – weil nur dann eine genügende Feinabstimmung zwischen Ausbilderhand und Pferdemaul erreicht ist, um es im Maul nicht ungewollt zu drangsalieren. D.h. das Pferd ist gehorsam und geschmeidig genug, um sich nicht mehr gegen die Forderungen des

Ausbilders zu wehren und der Ausbilder hat genug Fingerspitzengefühl für die Bewegungen des Pferdes – und seine eigenen – entwickelt, um eine weiche Verbindung zum Pferdemaul mit den Leinen zu bekommen. Eine weiche Verbindung zum Maul ist mit den langen Leinen deutlich schwieriger als z.B. das gefühlvolle »gummibandartige« Handhaben der Zügel beim Reiten (und selbst das bereitet vielen Reitern noch genug Schwierigkeiten). Zudem kommt noch die eigene, vom Pferd abgekoppelte Bewegung dazu. Da braucht es schon Erfahrung, um die Verbindung zum Pferdemaul zu halten. Einführende Lektionen mit der Doppellonge sollten deswegen auch mit der harmloseren Verbindung Kappzaum-Ausbilderhand geübt werden. Ein »Schnitzer« in der Leinenführung oder auch ein Hopser des Pferdes wirken sich dabei nicht gleich gravierend aus.

(Das Fahren vom Boden ist prinzipiell nichts anderes als die Arbeit am langen Zügel. In den Übungen der Angstbewältigung hat das Pferd schon gelernt, etwas hinter sich herzuziehen. In der Arbeit mit der Doppellonge lernt es, sich sicher lenken zu lassen – und die Grundsatzarbeit für das Kutschpferd ist auch schon in die vorbereitende Bodenarbeit integriert.)

Nun stehen Sie vor der Entscheidung: Wie longiere ich das Pferd?

Gebisslos oder mit Trense? Am Halfter, am Kappzaum, am Sidepull (auch das geht) – mit Ausbindern, Chambon, Stoßzügel, Tie-Down, Schlaufzügeln oder ganz ohne Hilfszügel?

Mein Vorschlag: Beginnen Sie gebisslos mit der Minimalausstattung ohne Hilfszügel. Achten Sie auf Ihre eigene Körpersprache. Klappt etwas nicht, dann fragen Sie sich immer erstmal, ob Ihre Signale undeutlich oder widersprüchlich waren. Beginnen Sie eine Roundpen-Lektion evtl. mit einigen Ausweichübungen, um das Pferd auf Sie und Ihre Signale einzustimmen. Nach der vorbereitenden Bodenarbeit sollte jedoch die grundsätzliche Kontrolle Ihres Pferdes nicht das Thema sein, und nur Pferde mit speziellen Problemen erfordern eine spezielle Behandlung. Und – besonders wichtig: Lassen Sie das

Pferd niemals aus den Augen. Unterhalten Sie sich bei der Longen- oder freien Arbeit z.B. mit einem Zuschauer am Rand, so wird das Pferd das Interesse an Ihnen verlieren, weil auch Sie nicht bei der Sache sind. Und schon macht es, was es will und nicht, was Sie wollen (in dem Moment, in dem Sie anderweitig beschäftigt sind wollen Sie ja auch nichts von dem Pferd ...). Erst, wenn Sie mit der Minimalmethode gar nicht zurechtkommen und später für Übungen, die stärkere Versammlung des Pferdes erfordern, können Sie es sukzessive mit Hilfsmitteln versuchen.

Um Ihnen die Entscheidung zu erleichtern nachfolgend die grundsätzliche Wirkungsweise sowie Vor- und Nachteile von Hilfsmitteln und -zügeln in Abbildungsform.

Nun zur eigentlichen Arbeit an der Longe bzw. im Roundpen

Ziel ist, Gangarten, Tempo und Richtung des Pferdes sicher – auch aus der Entfernung – zu kontrollieren und es durch häufige Gangarten-, Tempo- und Richtungswechsel zu gymnastizieren. Die Körperhaltung und Stimme des Ausbilders sowie eine Peitsche oder ein Seilende als Armverlängerer dienen dabei der Kommunikation. Die Longe selbst ist anfangs nur ein zweitrangiges Hilfsmittel, um die Aufmerksamkeit des Pferdes einfacher zum Ausbilder zurückzuholen. Wenn das Pferd Sie mit nach außen gestelltem Kopf ignoriert, dann

Die Grundlagenarbeit für das Kutschpferd ...
... ist mit dem Fahren vom Boden gelegt.

rucken Sie ein paarmal mit der Longe am Kopf und stören es so lange, bis es Ihnen »gnädigst seine Aufmerksamkeit zollt«. Später – vor allem bei der Arbeit mit der Doppellonge – wird sie für eine feinere Abstimmung der Signale am Kopf des Pferdes wichtig.

Mit dem Fahren vom Boden bzw. der Doppellongenarbeit simuliert der Ausbilder seine Zügeleinwirkung und seine Position als Reiter. Beginnen Sie nun mit einfachen Übungen wie das Pferd sie aus dem Führtraining kennt.

Anhalten aus dem Schritt und aus dem Trab. Antraben aus dem Halten. Gangartenwechsel Trab-Schritt-Trab-Schritt.

Ihre jeweils nötige Position in Relation zum Pferd zum Verlangsamen

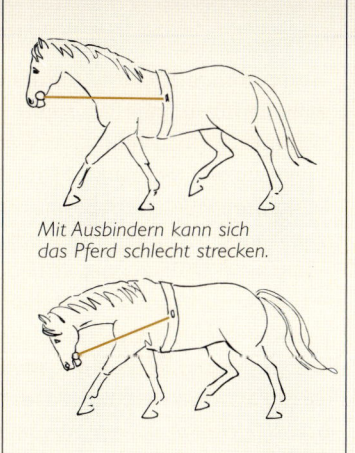

Mit Ausbindern kann sich das Pferd schlecht strecken.

Das Chambon wirkt auf das Genick. Streckt sich das Pferd nach unten ab, so lässt der Druck nach.

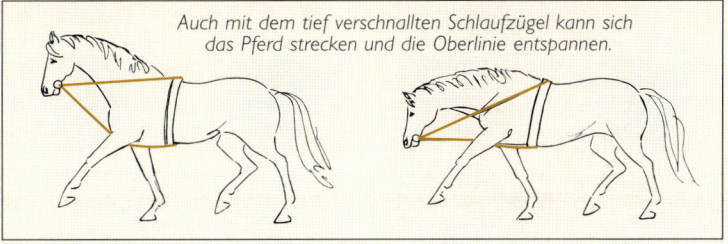

Auch mit dem tief verschnallten Schlaufzügel kann sich das Pferd strecken und die Oberlinie entspannen.

6

und Treiben ist schon im Abschnitt »Longieren ohne Hilfsmittel« beschrieben. Tempowechsel und vermehrte Biegung innerhalb des Trabes schließen sich an. Holen Sie das Pferd auf einen kleineren Zirkelradius herein – damit fordern Sie vermehrte Längsbiegung, deutliche Dehnung der äußeren Seite und Untertreten des inneren Hinterbeines.

Und lassen Sie das Pferd dann wieder auf die äußere Zirkellinie zurückkehren.

Arbeiten Sie dabei ohne Hilfzügel, werden Sie deutlich erkennen, dass sich das Pferd nach der »spannenden« Arbeit auf dem kleinen Zirkel zum Entspannen auf der größeren Kreislinie vorwärts-abwärts streckt.

Zirkel verkleinern

Noch ein Wort zum Verkleinern des Zirkels: Bleiben Sie nicht einfach in der Mitte des Zirkels stehen – wie es oft gefordert wird – und ziehen dabei den Kopf des Pferdes nach innen, sodass es sich in enger werdenden Spiralen auf Sie zu bewegt. Bewegen Sie sich stattdessen langsam auf die Hinterhand des Pferdes zu. Sie wird leicht nach außen ausweichen – dadurch kommt die Schulter des Pferdes nach innen. (Würden Sie schnell und abrupt auf die Hinterhand zulaufen, würden Sie das Pferd damit stoppen und zu sich umdrehen wie im Ausweichtraining.) Bleiben Sie nun schräg neben der Hinterhand des Pferdes und verkürzen die Longe langsam. Auf diese Weise verhindern Sie,

dass das Pferd sich aus der Schulter gegen das Hereinkommen und die anstrengendere enge Biegung wehrt und nach außen zieht. Sie befinden sich am Ende des Verkleinerns nicht mehr in der Mitte des Zirkels, sondern haben das Pferd in einen nach außen versetzten kleinen Kreis geführt. Für das Vergrößern des Zirkels müssen Sie nun langsam wieder in Ihre Mittelposition zurückkehren.

Erst wenn Schritt und Trab-Lektionen sicher und kontrolliert funktionieren, beginnen Sie, den Galopp zu fordern. Natürlich kann es passieren, dass das Pferd auch vorher schon galoppiert. Vor allem bei der freien Roundpen-Arbeit ist es nicht auszuschließen, dass es ab und zu

Rückwärts ... Das Pferd war unaufgefordert von der Zirkellinie nach innen gekommen und wird nun wieder rückwärts nach außen geschickt.

unkontrolliert losbuckelt oder galoppiert. Hier geht es jedoch um einen von Ihnen initiierten und kontrollierten Galopp. Arbeiten Sie schließlich mit Übergängen Trab-Galopp-Trab-Galopp danach mit der Folge Galopp-Trab-Schritt-Galopp-Trab-Schritt. Ist das Pferd dabei schließlich gut kontrollierbar, können auch Paraden aus dem Galopp direkt zum Schritt und schließlich zum Halten erfolgen. Zirkel-Verkleinern-und-Vergrößern im Galopp stellt schon eine ziemlich fortgeschrittene Lektion an der Longe dar, ist jedoch auch möglich, wenn Sie dem Pferd Zeit genug lassen, die dafür erforderliche Balance und Beweglichkeit zu erlangen (das kann jedoch Monate dauern). Solche versammelnden Longen-Lektionen im Galopp oder auch im Trab brauchen Sie nicht unbedingt, um das Pferd anreiten zu können. Sie können durchaus erst später, nach den ersten Monaten der Grundausbildung unter dem Reiter, eingeschoben werden, um das Pferd für eine stärkere Versammlung

6

unter dem Reiter vorzubereiten. Oft werden Sie dabei nicht um eine Begrenzung des Pferdes nach vorn oder zur Seite, also Hilfszügel oder die Verwendung einer Doppellonge, herumkommen. Aber zu diesem Zeitpunkt ist das Pferd durch die vorhergehende Grundgymnastizierung auch in der Lage, seine Oberlinie in der dafür geforderten Form zu dehnen, ohne sich zu verspannen. Achten Sie bei der Galopparbeit auf den »richtigen« Galopp. Korrigieren Sie Kreuz- oder Außengalopp sofort durch Zurückführen in den Trab.

Rückwärts

Auch eine Rückwärtsbewegung kann aus der Entfernung initiiert werden. Sie bewegen sich dazu im Bogen aus der Mitte auf Kopf und Schulter des Pferdes zu – am besten in Verbindung mit dem verbalen Kommando für Rückwärts (was dem Pferd aus dem Ausweichtraining bekannt ist). Nehmen Sie evtl. die Peitsche quer in beide Hände – das verdeutlicht Ihre Absicht und verleiht Ihren Bewegungen mehr »Kraft«. Haben Sie das Pferd an der Longe, können Sie diese in eine Wellenbewegung versetzen und so eine »Störung« am Kopf des Pferdes verursachen, der es ausweichen soll (siehe auch Ausweichtraining). Dieses Wellen-Signal wird schließlich auch funktionieren, wenn Sie in der Mitte stehen bleiben und das Pferd auf der Zirkellinie mit verbalem Signal plus Wellenschlag rückwärts schicken. Besonders spektakulär ist es dann, wenn Sie das Pferd mit einem verbalen Kommando (+ evtl. Peitschensignal) auch aus dem Rückwärtsrichten angaloppieren lassen können.

Arbeiten Sie mit dem freien Pferd, dann kann ein Gertensignal vor dem Pferd (in Verbindung mit verbalen Kommandos) den Wellenschlag der Longe ersetzen. Bewegen Sie sich einfach aus der Zirkelmitte schräg auf einen Punkt vor dem Pferd zu und schwenken Sie dann die Peitschenspitze vor der Nase des Pferdes auf und ab. Tippen Sie als Verstärkung die Brust des Pferdes, später auch die Vorderfußwurzel- oder Fesselgelenke mit der Peitsche an. Hilft das immer noch nichts, dann dürfen Sie auch einmal einen festeren Schlag an der

Weiterführende Übungen – Rückwärtskoordination: Einfädeln in ein L.

Vorderröhre anbringen, damit es das Bein nach hinten wegstellt.
Sie haben nun Ihr Pferd erzogen und grundsätzlich gymnastiziert. Der nächste Vorbereitungsbereich am Boden ist die Feinabstimmung des Pferdes auf Ihre Körpersignale. Sie geht Hand in Hand mit weiterem Vertrauensaufbau des Pferdes zu Ihnen und mit einer besseren Koordinationsfähigkeit des Pferdes.
Trailhindernisse mit Rückwärts-Seitwärts-Vorwärts-Steuerung des Pferdes sowie Cavalettiarbeit und kleine Sprünge an der Hand oder im Roundpen gehören dazu. Zum eigentlichen Anreiten des Pferdes sind diese Übungen nicht mehr unbedingt nötig.

Wer es eilig hat, auf sein Pferd zu klettern, kann dies jetzt schon tun. Wer sich noch nicht so recht traut oder wem das Pferd noch zu »unfertig«, zu jung wirkt, der schiebt das Anreiten noch eine Weile auf, »spielt« noch ein wenig am Boden mit dem Pferd und vervollkommnet seine Ausbildung ohne Reiter. (Sie sollten auch nach der Anreitphase immer mal wieder Bodenarbeit mit solchen Koordinations-Übungen einschieben – zur Abwechslung und zur Vorbereitung auf komplizierte Übungen unter dem Reiter.)
Um die Möglichkeiten der Bodenarbeit mit dem noch ungerittenen Pferd abzuschließen, stelle ich die folgenden Übungen jedoch noch vor das eigentliche Anreiten.

6

Bodenarbeit: Koordination

Die Koordinationsübungen stellen das »Sahnehäubchen« der Ausbildung am Boden dar. Cavalettiarbeit und Trailtraining fördern die Aufmerksamkeit des Pferdes und verbessern seine Koordinations- und Konzentrationsfähigkeit. Träge Pferde werden – besonders bei der Cavalettiarbeit – ermuntert, ihre Beine zu heben und aufzupassen. Nervösen Pferden, die sich gerne in »hektische Betriebsamkeit« stürzen, kann man in komplizierteren Stangenhindernissen durch gezieltes »Aufregen-lassen« und wieder »Ruhig-werden-lassen« dauerhaft ein etwas stabileres Nervenkostüm verschaffen.

Folgende Trailhindernisse bieten sich für eine feinere Koordinierung der Hilfen am Boden an. Die Reihenfolge in dieser Aufzählung ist gleichzeitig ein Hinweis für die sinnvolle Staffelung hinsichtlich des Schwierigkeitsgrades.

Die Grundsatzarbeit für alle folgenden Lektionen ist mit dem Ausweichtraining getan. Körperlich hat kein Pferd mit diesen Übungen Schwierigkeiten – wohl aber psychisch. Es muss Ihnen voll vertrauen, um sich z.B. auf von Ihnen gelenkte Rückwärtsbewegungen einzulassen, denn es sieht hinter sich nichts. Deswegen sind die Trailhindernisse nicht nur koordinations-

und gehorsamsfördernd, sondern auch enorm vertrauensbildend – was beim späteren Reiten einen zusätzlichen Sicherheitsfaktor darstellt.

Sie brauchen für alle Lektionen nur einen langen Führstrick, ein gut sitzendes Halfter und evtl. eine Gerte – wenn Sie statt Gerte nicht Ihr freies Seilende des Führstricks benutzen wollen.

1. Rückwärts in eine Gasse einfädeln

(Die Gasse können Sie aus Stangen oder Strohballen legen oder mit Pylonen andeuten.) Das Pferd hat im Ausweichtraining gelernt, sich rückwärts von Ihnen wegschicken zu lassen und Sie immer anzuschauen (siehe auch Fixierung).

Durch Ihre eigene Position vor ihm geben Sie ihm nun die Richtung an, in die es sich rückwärts von Ihnen wegbewegen soll. Sie stehen mit dem Gesicht zu ihm und frontal vor ihm, sodass Sie sehen können, wo sich das Hindernis befindet. Bewegen Sie sich nun z.B. vor dem Pferd nach rechts, werden Kopf und Schultern des Pferdes Ihnen folgen (weil es Sie weiterhin ansehen will, damit es Ihre Signale nicht »verpasst«) und seine Längsachse richtet sich auf Ihre neue Position aus (Siehe Abb. Seite 53). Da das Pferd sich nicht freiwillig biegt (es geht immer den Weg des geringsten Widerstandes), wird auch seine Längsachse gerade sein. Durch diese Gegebenheiten sind Sie in der Lage die Bewegungsrichtung der Hinterhand zu steuern. Wenn das Pferd schräg vor der Gasse steht, dann bewegen Sie sich einfach in die Richtung, in die Sie die Hinterhand nicht steuern wollen. Dann gehen Sie frontal auf es zu oder schicken es mit der Wellenbewegung des Führstrickes gerade rückwärts von sich weg. Achten Sie darauf, dass Sie selbst dabei völlig gerade bleiben und Ihre Schultern nicht z.B. seitlich aus der Hüfte heraus verdrehen. Ein sensibel auf Ihre Signale reagierendes Pferd kann das als Aufforderung verstehen, sich wieder auf Ihre Schulterlinie einzurichten und steht damit in diesem Fall wieder schräg vor dem Hindernis. Viele Pferde sperren sich anfangs gegen das Ausrichten und die Richtungsänderungen rückwärts, weil Sie der ganzen Sache nicht so recht trauen. Haben Sie Geduld und forcieren Sie dabei nichts. Lassen Sie das Pferd nach jedem richtigen Schrittchen ruhig stehen und loben es. Es wird bald merken, dass Sie es nicht ruckwärts ins Verderben schicken.

Anhalten können

Besonders für komplizierte Wege in Rückwärts-Hindernissen ist es nötig, dass Sie das Pferd jederzeit anhalten können. Bleiben Sie stehen, sollte es das Pferd auch sofort tun – nur dann verhindern Sie, dass es rückwärts davonsaust nach dem Motto: »Das haben wir gestern und vorgestern so gemacht, das wird wohl auch heute die richtige Richtung sein.« Damit führen Sie jedoch alle Traillektionen ad absurdum, denn diese sollen ja das Pferd noch feiner auf Ihre Signale einstimmen. Das Pferd soll nicht vorgreifen und sich nicht irgendetwas »zusam-

Rückwärts um die Ecke: das Pferd richtet sich mit seiner Längsachse auf die Schulterlinie des Ausbilders aus.

menreimen«, was der Ausbilder meinen könnte, sondern auf die tatsächlichen Signale achten. Mit verbalen Kommandos können Sie sich natürlich immer zusätzlich helfen, um ein Pferd zu stoppen. Ist das erste Einfädeln in die Gasse geglückt und an mehreren Tagen hintereinander sicher und ohne Widerstand des Pferdes abrufbar, können Sie zu komplizierteren Steuerungen übergehen.

Rückwärts im Zickzack
Diese Übung beinhaltet mehrfachen Richtungswechsel und ist schon etwas schwieriger als das einmalige Einfädeln in eine gerade Gasse.
Das Bild rechts zeigt den Positionswechsel des Ausbilders, durch den

das Pferd gesteuert wird. Als Markierungen können Pylone oder Hindernis-Ständer dienen – sie dürfen jedoch keine scharfen Kanten aufweisen, an denen sich das Pferd verletzen könnte. Besonders bei

Rückwärts um Pylone: Die Ausbilderin bewegt sich zur Seite – das Pferd folgt mit der Vorhand nach rechts, die Hinterhand bewegt sich nach links.

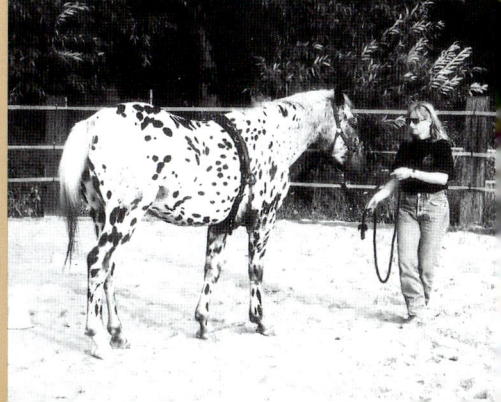

den ersten Versuchen des gelenkten Rückwärtsrichtens spielt das unerfahrene Pferd gern Fußball mit solchen Markern, weil es entweder zu schnell reagiert und Sie als Ausbilder mit dem Positionswechsel nicht mehr nachkommen oder weil es überreagiert und dabei zu große Schritte macht. Wenn es auf diese Weise das erste Mal mit den Hinterbeinen an eine Markierung angestoßen ist, wird es oft hektisch und traut den Anweisungen des Ausbilders nicht mehr. Manche Pferde zappeln dann nervös herum und treten dabei alles über den Haufen, was an Markierungen herumsteht. Haben Sie einen solchen Zappelphillip, ist es besonders wichtig, dass Sie selbst die Ruhe behalten und nicht mitzappeln.

Sobald das Pferd sich aufregt, stellen Sie also jedes Signal ein und bleiben so ruhig wie möglich stehen. Dadurch sollte sich in den meisten Fällen auch das Pferd wieder beruhigen. Beginnen Sie mit der Übung nicht von Neuem bevor das Pferd nicht mit tiefem Kopf ruhig und entspannt steht, denn nur dann kann es sich wieder auf Ihre Signale konzentrieren.

Bleiben Sie bei allen Übungen aus Sicherheitsgründen mindestens einen Meter (besser noch weiter) vom Pferd entfernt und bedrängen es nicht, indem Sie ihm körperlich zu dicht auf den Pelz rücken. Dann provozieren Sie keine Kurzschlusshandlung des Pferdes, bei der es Ihnen »in die Hosentasche« springt. Wiederholen Sie einfach aus sicherer Entfernung immer wieder freundlich Ihre Aufforderung und leisten Sie Überzeugungsarbeit, indem Sie selbst sich nicht aufregen und stur (nicht brutal) auf Ihrer Forderung beharren.

Gymnastischer Wert

Noch ein Wort zum gymnastischen Wert des gelenkten Rückwärtsrichtens in Trailhindernissen. Kurz gesagt – es hat so gut wie keinen. Natürlich setzt ein sauberes Rückwärtsgehen das Pferd auf die Hinterhand – aber nur dann, wenn es dabei die Hanken senkt, den Rücken aufwölbt und durchs Genick geht. Diese Art von Rückwärts ist jedoch weder in Trailübungen unter dem Reiter noch in Trailübungen am Boden gefragt. Es geht nur um den Vertrauensaufbau und um die

Koordinationsfähigkeit des Pferdes. Zudem ist das Pferd nicht gebogen bei diesen Lektionen, sondern in seiner Längsachse gerade. (Die freie Steuerung funktioniert nur mit gerader Längsachse des Pferdes.) Für ein gebogenes Rückwärtsrichten, welches in manchen Ausbildungsmethoden (unter dem Reiter) geübt wird, fehlen bei der Trail-Bodenarbeit die Kontrollinstrumente durch Schenkel und Zügel, ohne die die Biegung nicht möglich ist.

Rückwärts durch ein Stangen-L

Diese Übung stellt nur eine – etwas schwierigere – Variante des Zickzackhindernisses dar. Da Sie hier mit seitlich begrenzenden Stangen arbeiten, hat das Pferd mehr Möglichkeiten, irgendwo mit

dem Huf anzustoßen – und dabei unsicher zu werden. Solange Sie und Ihr Pferd die einfachen Zickzackhindernisse nicht sicher beherrschen, sollten Sie mit dem L warten.

Rückwärts einfädeln ins L:
Das Pferd ist noch misstrauisch.

Kritische Punkte beim L sind das Einfädeln und die rechtwinklige Ecke. Dazu muss das Pferd auf jeden Fall gelernt haben, sich im Hindernis von Ihnen anhalten zu lassen, sonst rennt es Ihnen geradeaus in die Ecke hinein.

Das Pferd führt keine Hinterhandwendung in dieser rechtwinkligen Ecke aus sondern eine Art Mittelhandwendung. Es setzt Schrittchen für Schrittchen z.B. erst ein inneres Hinterbein rückwärts-seitwärts nach innen, dann ein äußeres Vorderbein rückwärts-seitwärts nach außen, dann ein äußeres Hinterbein rückwärts-seitwärts nach innen, dann ein inneres Vorderbein rückwärts-seitwärts nach außen. Bei einem späteren Mindestmaß von etwa einem Meter (anfangs können

Sie das L ruhig breiter legen) stellt das Zentimeterarbeit dar und das Pferd muss lernen, Minischrittchen zu machen, um nicht anzustoßen. Diese kontrollierbaren kleinen Schritte, die Entwicklung von mehr »Körperbewusstsein«, zu wissen wo der eigene Körper zu Ende ist, sind die Lernziele für das Pferd, die in diesen Lektionen im Vordergrund stehen.

Seitwärtsübungen

Trail-Übungen, die eine Seitwärtsbewegung implizieren, fallen manchen Pferden schwerer als die Rückwärtsübungen, anderen dagegen leichter. Vorsichtige Pferde mit wenig Vertrauen gehen oft lieber seitwärts; Pferde, die sich gern »ei-

Seitwärts.

nen Knoten in die Beine machen« gehen eher rückwärts. Wie Ihr eigenes Pferd reagiert, kündigt sich schon während des Ausweichtrainings an. Je nachdem, wo seine Schwächen bzw. Stärken liegen, beginnen Sie dann eher mit Seitwärtsübungen oder eher mit Rückwärtsübungen.

Das einfache Ausweichen zur Seite und damit die Grundlagen zu Vorwärts-Seitwärts sowie für Vorhand- und Hinterhandwendung hat Ihr Pferd im Ausweichtraining gelernt. Jetzt kommen zusätzlich einzelne oder mehrere Stangen dazu, an die das Pferd anstößt, wenn es von der geforderten Richtung abweicht.

Seitwärts über eine Stange

Die einfachste Übung in dieser Kategorie ist das Seitwärtstreten über eine einzelne Stange. Lehren Sie das Pferd mit den Vorderbeinen drüberzutreten und dann auf Kommando stehen zu bleiben, sodass es die Stange zwischen Vorder- und Hinterbeinen hat. Lassen Sie es eine Weile so stehen und dann endgültig nach vorne über die Stange hinwegtreten. Beginnen Sie parallel dazu, das Pferd vor einer Stange seitwärts zu richten, sodass es die Stange als Begrenzung sehen kann. Wenn beides, das Anhalten über der Stange und die Seitwärtsbewegung vor der Stange, klappt, dann können Sie das Pferd über die Stange stellen und die Seitwärtsbewegung mit der Stange zwischen Vorder- und Hinterbeinen probieren. Die meisten Pferde haben die Tendenz, nach zwei Seitwärtsschritten schräg nach vorne davonzulaufen – und stolpern dann mit den Hinterbeinen über die Stange. Andere entziehen sich rückwärts und bleiben mit den Vorderbeinen an der Stange hängen.

Es hängt erstens von Ihrer Position zum Pferd ab, wohin sich das Pferd entzieht und zweitens vom Wesen des Pferdes. Nach den Übungen des Ausweichtrainings müsste die reine Seitwärtsbewegung nun von der Seite zu steuern sein. Sie müssen nur für sich selber die Position finden, bei der das Pferd weder mit den Vorder- noch mit den Hinterbeinen die Seitwärtsbewegung »führt« . Es soll immer in einem 90-Grad-Winkel zur Stange bleiben. Bei vielen Pferden geht das problemlos so.

Es gibt jedoch andere, die können Sie anfangs nur davon abhalten, sich vorwärts zu entziehen, indem Sie Ihnen mehr oder weniger im Weg stehen. Bei denen leiten Sie die Seitwärtsbewegung fast frontal vor dem Pferd stehend ein und zeigen nur mit der führenden Hand seit-wärts. Zusätzlich wenden Sie eine Gerte seitlich an. Angenommen, Sie stehen vor dem Pferd und es soll (aus Ihrem Blickwinkel) nach rechts über die Stange treten. Ihre rechte Hand führt den Pferdekopf dabei leicht nach rechts und die linke Hand tippt mit der Gerte die Hinterhand des Pferdes an. Mit einem härteren Ruck am Halfter und einem lauten »Ho« halten Sie das Pferd an, wenn es sich nach vorne an Ihnen vorbeimogeln will. Manchmal macht es Sinn, das Pferd rückwärts wieder über die Stange zu schicken, wenn es schon mit allen Vieren über die Stange getreten ist. Manche Pferde regen sich dabei aber auf (weil Sie mit den Hinterbeinen die Stange treffen), so-dass es besser sein kann das Pferd neu von vorne an das Hindernis heranzuführen.

Es kommt auch hier nicht darauf an, das Pferd irgenwie seitwärts über die Stange zu bugsieren, sondern darauf, das (als Zielvorstellung) Schrittchen für Schrittchen zu tun und das Pferd dabei jederzeit anhalten und umdirigieren zu können.

Es gibt genug Pferde, die ihrem Ausbilder sofort vorgreifen, wenn sie begriffen haben, wo es hingeht. Sobald sie über der Stange stehen, sausen sie nach der einen oder andere Seite los – und Sie haben keine Chance mehr, sie zu stoppen. Üben Sie also von Anfang an Einzelschritte: Seitwärts – Anhalten – Stehenlassen – Seitwärts – Anhalten – langes Stehenlassen – usw.

Klappt das nach einer Richtung, üben Sie es auch nach der anderen. Geht das Pferd in beide Richtungen gleich sicher, dann wechseln Sie nach einem Anhalten Position und die Richtung. Sie werden sich wundern, wie sehr Sie damit Verwirrung stiften können. Achten Sie darauf, dass das Pferd beim Anhalten über der Stange nicht mit gekreuzten Beinen stehenbleibt. Pferde mit Koordinationsschwächen wissen beim Richtungswechsel evtl. dann nicht mehr, mit welchem Bein sie antreten sollten und schwanken unschlüssig hin und her (so ähnlich, wie sich mancher von uns schwer tut, bei doppelt verschränkten Fingern auf Zuruf einen bestimmten Finger der »richtigen Hand« zu bewegen).

Zusammengesetzte Hindernisse

Winkel- und Kombi-Hindernisse sind nach den konsequent durchgeführten Grundübungen nur noch eine Frage der Zeit. Stangen-Winkel kombinieren Seitwärtsbewegungen mit Vor- oder Hinterhandwendungen. Labyrinthe können auf verschiedene Arten durchschritten werden. Der Doppel-Winkel einer U-Form kann z.B. vorwärts – seitwärts – rückwärts mit jeweiligem deutlichen Positionswechsel des Ausbilders gemeistert werden oder nur rückwärts, nur seitwärts (mit Stange zwischen den Beinen oder vor den Beinen des Pferdes) etc. Die Kombinationsmöglichkeiten sind vielfältig. Nutzen Sie verschiedene Kombinationen und »dekorieren« Sie die Hindernisse immer mal wieder um, damit kein »Ach-das-kenn-ich-schon«-Effekt beim Pferd aufkommt.

Labyrinthe

Eine besondere Form der Kombinationshindernisse sind Labyrinthe, die normalerweise vorwärts und nur im Schritt überwunden werden. Ungleichmäßig liegende Stangen mit unterschiedlichen Abständen, rechts und links unterschiedlich hoch liegend, Stangengitter, -fächer und andere »Gemeinheiten« lehren das Pferd, sehr präzise und vorsichtig seine einzelnen Hufe abzusetzen. Gehen Sie mit Ihrem Pferd im Gelände spazieren, dann bieten sich Baumstämme für solche Übungen an. (Achten Sie nur auf einen möglichst ebenen, festen Untergrund ohne tiefe Löcher oder sonstige Stolperfallen.)

Unterschätzen Sie die psychischen Anforderungen solcher Labyrinthe für das Pferd nicht und beginnen Sie immer mit wenigen, weit auseinander liegenden Stangen. Wenn das Pferd vor lauter Stangen den Boden nicht mehr sieht, reagiert es mit Angst und manchmal unkontrollierten Sätzen, die es wieder auf »festen Boden« zurückbringen sollen. Das kann für die Knochen Ihres Pferdes und auch für Ihre eigenen ziemlich ungesund sein.

Das Stangentraining im Schritt in Labyrinthen und im »Stangensalat« bietet eine gute Ausgangsbasis für Koordinations-Übungen mit Cavaletti und kleinen Sprüngen.

Cavaletti

Cavaletti sind eine sehr nützliche Erfindung. Sie können damit »Faulheimer« auffrischen und »Rennmäuse« disziplinieren. Sie können problematische Gangarten verbessern, die Muskeln der Hinterhand trainieren und den Rücken und die Schultern des Pferdes entspannen. Stolperer lernen, die Füße zu heben und »Hans-Guck-in-die-Lufts« bequemen sich, hinzuschauen, wohin sie laufen.

Im Schritt können Sie Ihr Pferd noch ohne Probleme über ein paar Cavaletti führen, im Trab und erst recht im Galopp macht das natürlich Schwierigkeiten. Da hilft uns nun wieder die Longen- oder freie Roundpen-Arbeit. Beginnen Sie mit einer Stange im Trab und steigern

Stangentraining.

Sie langsam auf bis zu insgesamt vier Stangen. Erhöhen Sie die Zahl immer erst, wenn das Pferd mit tiefer Nase und ohne aus dem Takt zu kommen die geringere Anzahl überwunden hat.

Nur im Schritt können Stangen manchmal ungleichmäßig weit gelegt werden. (Wollen Sie sie passend legen, sodass das Pferd im Takt bleibt, müssen die Abstände zwischen den Cavaletti etwa 80 bis 90 Zentimeter betragen.)

Cavaletti im Trab (und erst recht im Galopp) müssen jedoch immer gleiche Abstände zueinander haben und passend liegen. Sie wollen schließlich das Pferd nicht aus dem Takt bringen, sondern diesen im Gegenteil verbessern. Da Sie auf dem Zirkel arbeiten, müssen Sie die Stangen fächerförmig legen. Die Abstände sind dann außen weiter als innen. An der Longe können Sie dann durch Verkleinern oder Vergrößern des Zirkelradius die Abstandweite variieren (bei der freien Arbeit wird das Pferd normalerweise ganz außen laufen – dort sollten die Abstände dann seinen Bedürfnissen angepasst sein.

Das ungefähre Richtmaß für den Abstand im Trab zwischen den einzelnen Stangen beträgt für ein mittelgroßes Pferd etwa 1,20 bis 1,40 Meter, für Ponys entsprechend weniger, für größere Pferde etwas mehr. Zudem können Sie – bei mehr als zwei Cavaletti hintereinander – über ein klein wenig zu weit oder etwas zu eng gelegte Stangen die Länge des Trabtrittes steuern. Das funktioniert jedoch erst, wenn das Pferd gelernt hat, diszipliniert darüber zu traben und nicht Fußball damit zu spielen. Pferde, die gerne die Hinterhand nachschleppen oder den Rücken festhalten, können über weitere Abstände zum energischen Vortreten veranlasst werden. Sind die Abstände jedoch allzu weit, dann wird das Pferd Zwischenschrittchen einfügen und völlig aus dem Takt kommen oder angaloppieren und versuchen, einen großen Satz über alle Stangen zu machen. Damit entzieht es sich dem Zweck der Übung. Sie können bei solchen Pferden die Cavaletti jedoch auch höher oder unterschiedlich hoch legen, damit sie lernen, die Füße zu heben.

Pferde, die zu eilig im Trab sind, bremst man mit minimal zu kurzen Abständen. Doch auch hier besteht wieder die Gefahr, dass das Pferd einfach über alles drüberspringt. Bremsen Sie dann zusätzlich mit Ihrer Körperposition, mit Stimme und /oder der vor die Schulter zeigenden Gerte.

Mit Übungen im Galopp lassen Sie sich so lange Zeit, bis im Trab alles reibungslos und ohne dauerndes Anschlagen funktioniert. Dann beginnen Sie mit einer einzelnen Stange im Galopp. Bei der Cavalettiarbeit im Galopp ist immer die erste Stange die schwierigste, weil das Pferd seinen letzten Galoppsprung vor dieser Stange selbstständig variieren muss, um halbwegs passend drüberzukommen. Haben Sie die weiteren Stangen dem Galoppsprung des Pferdes gut angepasst (Durchschnitts-Richtmaß ist etwa 3,50 m), so hat das Pferd normalerweise kein Problem mit diesen In-Outs.

Kleine Sprünge

Erhöhen Sie das letzte Cavaletti ein wenig, haben Sie schon einen ersten kleinen Sprung. Kleine Hopser können Sie auf diese Weise gut auf der Zirkellinie des Longierzirkels üben. Wollen Sie Ihr Pferd schon über etwas erhöhte Hindernisse frei springen lassen, dann sollten Sie das auf der Geraden tun. Holen Sie sich einen oder zwei Helfer, die sich

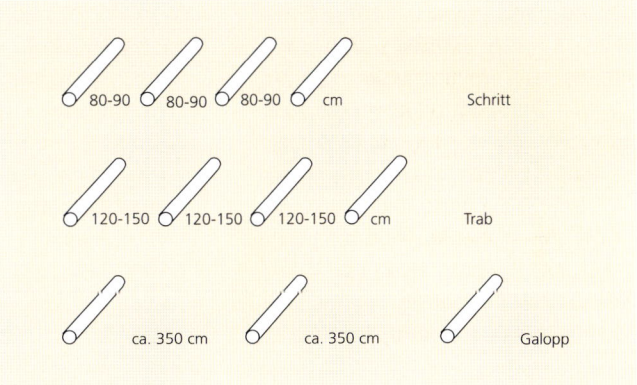

80-90   80-90   80-90   cm   Schritt

120-150   120-150   120-150   cm   Trab

ca. 350 cm   ca. 350 cm   Galopp

in den Ecken der Bahn postieren und verhindern, dass das Pferd den Weg abschneidet. Bauen Sie Fänge auf, um dem Pferd die Möglichkeit zu nehmen, auszubrechen.

Mit dem freien Springtraining haben Sie ein gutes Instrument, um die Hinterhand des Pferdes zu kräftigen, seine Koordinationsfähigkeit zwischen Auge und Beinen zu verbessern und seine Aufmerksamkeit auf den Weg vor ihm zu richten. Wie auch in den engen Trailhindernissen lernt es, sich auf eine Aufgabe zu konzentrieren. Unterschied ist nur, dass die meisten Trailhindernisse sich in sehr langsamem Tempo abspielen und bei Cavalettiarbeit und Springtraining ein deutlich höheres Grundtempo angesagt ist, aus dem heraus das Pferd seine Beine »sortieren« muss.

Erstes Aufsitzen und erste Schritte unter dem Reiter

Das junge Pferd als Handpferd führen

Um das junge Pferd daran zu gewöhnen, dass sich der Reiter über seiner Kopfhöhe befindet, kann man es mit einem ruhigen Führpferd vom Sattel aus führen. Das Führpferd sollte nicht in irgendwelchen »Kompetenzstreitigkeiten« mit dem jungen Pferd stehen, sondern deutlich ranghöher sein. Es sollte sicher einhändig gelenkt werden können und nicht zu explosiven Ausbrüchen neigen. Und vor allem sollte es vertragen, dass sich das junge Pferd dicht heran drängt, an der Kruppe oder Flanke schnüffelt oder sonst etwas tut, was es eigentlich nicht leiden kann. Stuten sind oft ungeeignet als Führpferde, weil sie es mit einem Kicken quittieren, wenn sich ein anderes Pferd zu nahe an die Hinterhand wagt. Wenn Sie kein geeignetes Führpferd haben, dann überspringen Sie diesen Teil – Sie können Ihr Pferd nach den Vorbereitungsübungen aus dem ersten Teil des Buches ohne weiteres auch ohne die Handpferd- phase besteigen.

Auf was müssen Sie beim Handpferd-Training achten?

Vergewissern Sie sich, dass das Pferd in den Führ- und Ausweich- übungen das »Folgen« gut gelernt hat und auf Zug am Halfter nicht zurückzieht.

Reden Sie mit dem Pferd und strei- cheln es (vom Sattel des Führpfer- des aus), damit es weiß, dass Sie das sind (und nicht der imaginäre Säbel- zahntiger), der da auf einmal in lufti- ger Höhe schräg über ihm thront. Benutzen Sie ein stabiles Halfter und einen langen weichen Strick. (Das Fahren vom Sattel aus mit einem getrensten und/oder ausge- bundenen Pferd ist eine andere, viel fortgeschrittenere Lektion. In die- sem frühen Ausbildungsstadium, indem es ja nur um die Gewöh- nung an den Reiter geht, muss –

bei einem entsprechend gut erzogenen und vorbereiteten Pferd – das Halfter ausreichen.)

Binden Sie das Handpferd nie am Sattel an, sondern führen es immer mit Ihrer freien Hand (wenn Ihr z.B. vorne am Sattelhorn hängendes Pferd das erste Mal nach hinten gezogen und Ihnen mit dem Strick den Oberschenkel eingeklemmt hat, dann wissen Sie warum).

Lassen Sie sich die ersten Male das Pferd von einem Helfer in die Hand geben, während Sie schon auf dem Führpferd sitzen. Später können Sie auch mit dem Youngster an der Hand aufsteigen.

Absolvieren Sie die ersten Übungen immer auf dem Reitplatz oder im Roundpen – da können Sie bedenkenlos loslassen, bevor Ihr Jungpferd Sie aus dem Sattel zerren kann. (In Gegenden, die von vielen Hauptverkehrsadern durchschnitten werden, würde ich persönlich mit einem Handpferd auch später nicht ins Gelände gehen. Denn auch bei einem bombensicheren Führpferd und einem coolen, nervenstarken Youngster sind unvorhersehbare Reaktionen, die einen dazu nötigen, sein Handpferd loszulassen, nicht völlig auszuschließen.)

Reiten Sie ein wenig im Schritt, halten an, probieren ein paar Richtungswechsel und versuchen evtl. auch schon einmal einen Trab und das Zurücknehmen in den Schritt. Arbeiten Sie viel mit Stimme, denn den Part des Führenden an sich übernimmt ja nun Ihr Reitpferd, welches vom Handpferd natürlich nicht überholt werden darf. Zur Not helfen Sie mit einem Ruck am Halfter nach, wenn das Handpferd zu weit nach vorne drängt. Galopp ist mit dem Handpferd erstmal tabu, denn das Galoppieren geht nur in den seltensten Fällen ohne Probleme. Und in dieser Gewöhnungsphase ist es nicht nötig, sich ein Problem damit zu schaffen.

Vorbereitung auf den Sattel

Im Kapitel Angstbewältigung haben Sie gelesen, wie das Pferd durch Aussacken an verschiedene Gegenstände auf seinem Rücken gewöhnt wurde. Der Sattel ist nur ein weiterer Gegenstand, den das Pferd auf seinem Rücken dulden soll, und sollte dem Pferd deswegen auch keine heftige Reaktion mehr entlocken. Vielleicht haben Sie Ihr Pferd ja auch schon im Zuge des Aussackens an den Sattel gewöhnt. Wenn nicht, beginnen Sie jetzt wieder mit ein paar kurzen Aussack-Übungen: Werfen sie die Satteldecke schwungvoll über den Rücken des Pferdes. Zappelt es herum, dann üben Sie das so lange, bis es völlig ruhig stehenbleibt.

Nicht anbinden

Am Besten, Sie arbeiten dabei mit dem frei stehenden (nicht angebundenen) Pferd in der Mitte eines eingezäunten nicht zu großen Platzes (der Roundpen ist ideal). Am Kopf trägt es ein Halfter und einen Führstrick, den Sie lose in die Hand nehmen oder aber auch einfach auf den Boden hängen lassen können. Versucht es wegzulaufen, dann korrigieren Sie es mit einem Rucken am Strick und ermahnen es mit einem deutlichen »Halt«. Macht es sich erschrocken auf und davon, dann fangen Sie es wieder ein, positionieren es erneut in der Mitte und beginnen von Neuem. Eigentlich haben Sie das alles ja schon während des Aussackens durchexerziert. Die Schreckreaktionen des Pferdes sollten sich deswegen doch sehr in Grenzen halten.

Muckst es sich dabei nicht, können Sie gleich den Sattel auflegen. Das Pferd ist auch dabei nicht angebunden.

Das Nichtanbinden des Pferdes hat einen triftigen Grund: Das Pferd soll später, wenn wir aufsteigen wollen, genausogut stehenbleiben wie bei den Vorübungen. Hindern wir das Pferd daran wegzulaufen, indem wir es bei den Vorübungen anbinden, so brauchen wir beim ersten Aufsteigen mit ziemlicher Sicherheit einen Helfer, der das Pferd am Kopf festhält, während wir hochklettern. Haben wir dem

Nicht anbinden beim Satteln.

Pferd aber vorher schon beigebracht auf jeden Fall stehenzubleiben, komme was da wolle, dann bleibt es auch stehen, wenn wir beginnen, die Steigbügel zu belasten bzw. das erste Mal aufsitzen. Wir können bequem ohne Helfer arbeiten und haben von Anfang an ein Pferd, welches beim Aufsteigen brav steht.

Natürlich haben Sie im Vorfeld etwas mehr Arbeit, weil Sie das eine oder andere Mal Ihr Pferd wieder einfangen müssen. Doch das Pferd hat auf diese Weise schließlich das Gefühl, freiwillig stehen geblieben zu sein. Es entwickelt vor allem keine Angst, was durchaus vorkommen kann, wenn Sie Ihr Pferd angebunden aussacken oder mit dem Sattel konfrontieren. Es springt viel-

leicht weg, wird vom Strick zurückgerissen und fühlt sich dem gefährlichen Ding auf seinem Rücken hilflos ausgeliefert, weil es nicht fliehen kann. Bis Sie ein solches Pferd beim späteren Aufsteigen zum Stillstehen überreden können, dauert es lange. Diese Zeit können Sie auf nützlichere Art verwenden, indem Sie ihm grundsätzliche Dinge beibringen, z.B. dass es wesentlich angenehmer und bequemer ist, wenn man nicht herumzappelt, sondern in der Mitte bei seinem Ausbilder bleibt (ein kleiner Leckerbissen bei erwünschter Reaktion – in diesem Fall bei fehlender (Flucht)reaktion kann den Lerneffekt unterstützen).

Sie haben nun also den Sattel glücklich auf den Pferderücken gebracht,

und das Pferd erträgt es gelassen. Ziehen Sie nun langsam den Sattelgurt fest. Lassen Sie sich viel Zeit mit dem Nachgurten. Benutzen Sie einen englischen Sattel, können Sie für die folgenden Übungen die Steigbügel entfernen oder fixieren, damit das Metall dem Pferd nicht schmerzhaft gegen Ellbogen und Flanken schlägt. Benutzen Sie einen Westernsattel mit schweren lederbezogenen Bügeln, so hängen auch die frei schwingenden Bügel relativ ruhig und wirken vor allem nicht so hart, wenn sie gegen das Pferd schlagen. Zur Philosophie des Anreitens bei Westernpferden gehört auch, dass sich die Pferde an den erstmal irritierenden beweglichen Steigbügel an ihrer Seite gewöhnen sollen, damit sie später beim Einsatz des Schenkels nicht erschrecken. Deswegen brauchen Sie die Bügel nicht unbedingt zu fixieren. Wenn Sie wollen, können Sie die Bügel jedoch mit einem Riemen am Sattelgurt festbinden und so die Auslenkung und den Schwung der Bügel-Bewegung etwas vermindern. Oder Sie binden die Bügel mit einem weichen Seil unter dem Bauch des Pferdes zusammen. Benutzen Sie dabei auf jeden Fall mit einer Hand lösbare Knoten, falls Sie – aus welchem Grund auch immer – das Pferd schnell von seinem Sattel befreien müssen.

Mit Sattel laufen lassen

Um das Pferd daran zu gewöhnen mit dem Sattel auf dem Rücken zu laufen, können Sie es nun longieren oder – besser und sicherer – im Roundpen frei laufen lassen. Am Kopf sollte es bei den ersten Sattel-Gewöhnungs-Übungen nur Halfter, Kappzaum oder Sidepull (mit verschränkten Zügeln) tragen, sodass es sich ungestört (ohne irgendwo hängen zu bleiben) ausbuckeln kann, wenn ihm der Sattel in der

Mit Sattel laufen lassen.

Bewegung noch nicht geheuer ist. (Auch bei Pferden, die beim Sattelauflegen völlig cool bleiben, ist es nicht ausgeschlossen, dass sich das in Bewegung ändern kann.) Das Pferd wird allerdings schnell merken, dass sich dieses Ding auf dem Rücken nicht loswerden lässt, und das Bocken einstellen.

Lassen Sie die evtl. heftigen Reaktionen auf einen Sattel ruhig zu und versuchen nicht, sie z.B. durch Einwirkung an der Longe zu verhindern. Nur so lernt das Pferd, dass ihm der ganze Tanz, den es vielleicht aufführen wird, nichts nützt und dass das Ding auf seinem Rücken eigentlich ungefährlich ist. Nachdem das Pferd sich beruhigt hat, beginnen Sie mit einigen kontrollierten Übungen.

Das Longieren oder auch die freie Arbeit mit dem Sattel können Sie nun einige Tage oder auch Wochen und Monate (je nachdem, wie alt das Pferd ist, wenn Sie ihm das erste Mal den Sattel auflegen) fortsetzen. Sie können es auch mit dem Sattel über Trailhindernisse arbeiten. Verwenden Sie klassische Ausrüstung, so benutzen Sie den Sattel statt des Longiergurtes oder unter dem Longiergurt, damit sich das Pferd dauerhaft daran gewöhnt. Wenn Sie das Pferd vom Boden fahren wollen, dann können Sie die Leinen durch die fixierten Steigbügel ziehen.

Alle Lektionen, die Sie vorher mit dem freien Pferd ausgeführt haben, können Sie nun auch mit dem gesattelten Pferd üben.

Wenn Sie Ihr Pferd spät (d.h. mit mindestens drei Jahren) das erste Mal satteln, dann können Sie wenige Tage nach der Gewöhnung an den Sattel auch mit den Aufsteigeübungen und den ersten Schritten unter dem Reiter beginnen. Legen Sie den Sattel schon früh auf, dann arbeiten sie eben länger mit dem gesattelten Pferd ohne Reiter. Prinzipiell können Sie davon ausgehen, dass das Pferd Ihnen »sagt«, wann es bereit für die ersten Aufsteigeübungen ist. Fühlt es sich völlig wohl mit dem Sattel, bleibt beim Satteln mit hängendem Kopf entspannt stehen, regt sich in keiner Weise auf, wenn es mit ihm trabt oder galoppiert, dann können Sie damit beginnen, es mit Ihrem Gewicht bekannt zu machen.

Erstes Aufsitzen

Auch wenn Sie nach den sorgfältigen Vorbereitungen nun beim eigentlichen Aufsitzen keinen Helfer zum Halten des Pferdes brauchen, sollten Sie sich nicht mutterseelenallein an die Arbeit machen. Nehmen Sie sich einen »Beobachter« mit, der am Rand steht und notfalls eingreifen kann, wenn Sie in Schwierigkeiten geraten. Stellen Sie Ihr Pferd in die Mitte des Roundpen oder auf den Reitplatz. Sicherer ist der hoch eingezäunte Roundpen, denn dort kann das Pferd kein Tempo entwickeln, wenn es wider Erwarten mit Ihnen auf dem Rücken buckeln oder los sausen sollte. Dort sollte sich in diesem Moment kein anderes Pferd befinden. Schließen Sie den Eingang und achten Sie darauf, dass keiner während Ihrer ersten Aufsteigeversuche auf den Platz bzw. in den Roundpen kommt.

Ob Sie Ihr Pferd nun vorher schon gesattelt haben oder erst in der Mitte des Roundpen satteln, hängt davon ab, wie lange Sie schon mit Sattel arbeiten. Entlockt der Sattel dem Pferd nur noch ein müdes Gähnen, können Sie das Pferd ruhig angebunden am Putzplatz satteln und gesattelt auf den Reitplatz oder in den Roundpen führen. Am Kopf des Pferdes sollte sich ein stabiles gut angepasstes Halfter mit langem Führstrick befinden (ersatzweise ein Sidepull oder ein Kappzaum). Eine Trense bzw. ein Gebiss irgendeiner Art brauchen Sie nicht. Fühlen Sie sich jedoch nicht wohl (d.h.

nicht sicher), wenn Ihr Pferd kein Gebiss im Maul trägt, dann verwenden Sie zusätzlich zum Halfter eine Trense, deren Zügel Sie jedoch völlig lang lassen und möglichst nicht benutzen. Betrachten Sie es als eine Art psychologischen Haltegriff,

Über den Sattel legen.

denn sollte das Pferd Ihnen tatsächlich aus der Kontrolle geraten, wenn Sie das erste Mal draufsitzen (was sehr unwahrscheinlich ist, wenn Sie es gut vorbereitet haben), dann nützt Ihnen auch die Trense nicht viel. Mit dem Ziehen oder Festhalten am Führstrick richten Sie wenigstens keinen Schaden im Maul des Pferdes an. Ziehen Sie jedoch an der Trense (was sowieso nur Sinn macht, wenn das Pferd in der Longenarbeit schon gelernt hat, auf Druck im Maul nachzugeben) und das Pferd ignoriert Ihre Zügelsignale, dann haben Sie nachträglich gleich ein weiteres Problem, nämlich, dass das Pferd das evtl. in der Longenarbeit schon aufgebaute Vertrauen in den Zügel wieder verliert. Bocken und in den

Dreck setzen kann Ihr Pferd Sie sowieso, egal ob mit Trense oder Halfter. Sinnvoller als der psychologische Haltegriff mit der Trense ist eine sorgfältige »Stimmungsprüfung« beim Pferd, bevor Sie sich tatsächlich in den Sattel schwingen. Achten Sie darauf, dass das Pferd nicht langsam Spannung aufbaut, während Sie an ihm herumhantieren. Beobachten Sie immer wieder seinen Gesichtsausdruck. Pferde zeigen sehr deutlich, wenn Ihnen etwas missfällt. Ist die Maulpartie verkniffen, sind die Nüstern gekräuselt, die Augen aufgerissen, die Ohren ungnädig angelegt? (Eine leichte Ohrenstellung nach hinten ist jedoch normal, weil das Pferd sich ja mit dem auseinandersetzt, was hinter seinem Kopf, an seinem Rücken vorgeht.) Schlägt der Schweif unruhig (es sei denn das Pferd wedelt Fliegen damit weg), steht das Pferd steif beinig oder macht gar einen leichten Katzenbuckel, dann sollten Sie nicht aufsteigen, sondern das Pferd erstmal wieder mit anderen Übungen entspannen bzw. es mit dem Belasten der Steigbügel bewenden lassen.

Die einzelnen Phasen der Aufsteigeübungen

Alle Phasen bis zum eigentlichen Aufsteigen sollten Sie von beiden Seiten üben. Das beidseitige Aufsteigen verhindert einseitige Steifheiten und Gewohnheiten beim Pferd und bei Ihnen selbst. Zudem rückt es den Sattel immer wieder halbwegs gerade, denn ein wenig wird er immer nach der Seite verrutschen, auf der Sie gerade aufsteigen. Das Pferd sollte sich in keiner Phase der Übungen von der Stelle rühren und nicht von einem Helfer gehalten werden müssen. Nehmen Sie das Führseil so in die Hand, dass nie Zug am Kopf des Pferdes ausgeübt wird. Das Pferd soll seinen Kopf frei bewegen können und darf sich auch ruhig zu Ihnen umschauen, um zu sehen, was Sie da tun.

1. Phase: Steigbügel belasten
2. Phase: Mit vollem Gewicht einseitig im Steigbügel stehen
3. Phase: Mit dem Oberkörper über den Sattel legen
4. Phase: Ein Bein über den Sattel schwingen und vorsichtig in den Sattel setzen

5. Phase: Den Steigbügel mit dem zweiten Fuß aufnehmen.

Phase 1 bis 5 sollten Sie nicht unbedingt an einem Tag absolvieren. Beginnen Sie z.B. an einem Tag mit Phase 1 und 2 und arbeiten sich über die nächsten zwei, drei Tage bis zu Phase 5 hoch. Je länger Sie die Einzel-Übungen ziehen, umso weniger besteht die Gefahr, dass Sie Ihr Pferd in einer Phase verschrecken und damit eine Reaktion provozieren, die Sie nicht unter Kontrolle haben.

Steigbügel belasten

Sie können den Steigbügel zuerst mit der Hand belasten, indem Sie sich mit Ihrem Gewicht in den Bügel stützen. Machen Sie das von beiden Seiten. Sprechen Sie mit dem Pferd. Loben Sie es immer, wenn es sich bei den ganzen Aktionen nicht von der Stelle rührt. Klappt das, dann können Sie einen Fuß in den Steigbügel setzen und diesen Fuß etwas belasten. Sprechen Sie weiter mit dem Pferd und beobachten Sie, ob es Anzeichen von Nervosität oder Unbehagen zeigt. Machen Sie das auf beiden Seiten und bleiben dabei dicht am

Aufsteigephasen von oben nach unten:
Steigbügel belasten ...
... und das volle Gewicht in den Bügel stellen
Bein über den Sattel schwingen und sich vorsichtig setzen.
Das Pferd rührt sich nicht von der Stelle, der unruhige Schweif hat Fliegen als Ursache, die Ohren sind auf den Reiter ausgerichtet.

Pferd mit Blickrichtung zum Kopf des Pferdes, um seine Mimik und Reaktion im Auge behalten zu können.

Mit vollem Gewicht einseitig im Steigbügel stehen

Bleibt es ruhig, dann stoßen Sie sich mit dem am Boden gebliebenen Fuß ab, sodass Sie schließlich auf halber Höhe neben dem Pferd im Bügel stehen (alles mit Blickrichtung zum Pferdekopf). Loben und streicheln Sie das Pferd aus dieser Position heraus, steigen dann wieder ab und wiederholen die Prozedur auf der anderen Seite. Das tun Sie ein paarmal auf beiden Seiten. Bleiben Sie nicht zu lange auf der einen Seite stehen, damit dem Pferd die einseitige Belastung nicht unangenehm

wird. Bewegt sich das Pferd von der Stelle, wenn Sie auf halber Höhe im Bügel stehen, so versuchen Sie es mit einem verbalen Kommando und einem Zupfen am Führstrick wieder anzuhalten. Nützt das nichts, steigen Sie ab und positionieren es von unten neu. Bleiben Sie ruhig dabei, dann wird sich auch das Pferd nicht aufregen. Je dichter Sie bei diesen Übungen mit dem Oberkörper am Pferd bleiben, um so weniger ziehen Sie den Sattel dabei schief und umso weniger bringen Sie das Pferd aus dem Gleichgewicht. Lehnen Sie dagegen den Oberkörper nach außen, dann rutscht erstens der Sattel und zweitens muss sich das Pferd gegen Ihr seitwärts ziehendes Gewicht stemmen, was es mit Sicherheit

8

nicht als besonders angenehm empfindet. Achten Sie auch darauf, das Pferd nicht allzusehr mit der Fußspitze in die Seite zu pieken. Bei besonders großen Pferden können Sie sich auch einen Strohballen oder sonst eine weiche oder gepolsterte Aufsteigehilfe ohne scharfe Ecken und Kanten besorgen. Damit verhindern Sie Ihr eigenes Schräghängen und die piekende Stiefelspitze.

Oberkörper über den Sattel legen

Können Sie bequem auf beiden Seiten im Sattel stehen, dann legen Sie den Oberkörper über den Sattel. Sprechen Sie dabei mit dem Pferd und klopfen es mit der freien Hand, die nicht den Führstrick hält, beruhigend an Hals, Schulter, Flanke und Kruppe. Dreht das Pferd dabei den Kopf zu Ihnen, dann können Sie ihm auch einen Leckerbissen geben. Steigen Sie wieder ab und probieren das Ganze auf der anderen Seite.

Bein über den Sattel schwingen

Wirkt das Pferd bei all diesen Übungen schließlich entspannt, dann schwingen Sie das zweite Bein langsam über den Sattel. Stützen Sie sich dabei mit der freien Hand etwa in der Mitte des Sattels (an der von Ihnen aus äußeren Seite des Sattels) ab. Die Hand, die den Führstrick hält, bleibt im vorderen Bereich des Sattels – am Vorderzwiesel oder beim Westernsattel an der Fork. Stützen Sie sich zuerst mit Knie und Oberschenkel ab und bringen dann langsam Ihr Gewicht in den Sattel. Nehmen Sie den zweiten Steigbügel noch nicht auf sondern bleiben eine Weile so sitzen. Loben Sie das Pferd, reden mit ihm und geben ihm ruhig einen Leckerbissen, weil es so brav stehengeblieben ist. Steigen Sie wieder ab und üben die Prozedur auf der anderen Seite.

Setzt das Pferd sich einfach unaufgefordert in Bewegung während Sie oben sitzen, so versuchen Sie es zuerst mit einem Stimmkommando und dann mit einem seitlichen Abwenden wieder anzuhalten. Dazu führen Sie den Führstrick des Halfters weit zur Seite. Welche Seite ist egal und ergibt sich daraus, auf welcher Seite des Halses gerade der Strick hängt. Das Pferd hat in den Übungen am Boden gelernt, einem

Die ersten Runden unter dem Sattel: Behalten Sie Kontakt mit dem Pferd, sodass es weiß, dass seine Vertrauensperson auf seinem Rücken sitzt und kein Raubtier.

seitlichen Zug am Halfter mit Kopf und Hals nachzugeben. Nun wird es mit den Schultern und Vorderbeinen dem Zug folgen, sich dabei im Kreis bewegen und schließlich an-

halten, weil ihm Biegung und Kreisbewegung auf Dauer nicht angenehm sind. Dann loben Sie das Pferd, steigen ab und wiederholen die Übung auf beiden Seiten, bis es nicht mehr wegläuft. In dieser Phase sollten Sie das Pferd nicht einfach losspazieren lassen, wie es ihm gefällt. Es muss lernen, dass es nicht nach eigenem Gutdünken handeln, sondern auf Ihre Anweisung warten soll. Damit verhindern Sie im Ansatz, dass Ihr Pferd später beim Aufsteigen schon losmarschiert und Sie diese Unsitte dann korrigieren müssen. Ist es erstmal so weit, dann haben Sie viel mehr Schwierigkeiten mit der Korrektur dieser schlechten Gewohnheit als wenn Sie bei den Anfangsübungen gleich auf solche »Kleinigkeiten« achten.

Den zweiten Bügel aufnehmen

Den zweiten Steigbügel nehmen Sie erst auf, wenn das Pferd in Phase 4 entspannt unter Ihnen steht. Üben Sie auch das ein paarmal von beiden Seiten. Dann erst sind Sie so weit, das Pferd tatsächlich in Bewegung setzen zu können.

Erlangen der Kontrolle vom Sattel aus

Das Pferd in Bewegung setzen

Sie sind nun also so weit, dass Sie das Pferd in Bewegung setzen wollen. (Am Kopf befindet sich weiterhin das Halfter mit dem Führstrick oder auch ein Sidepull, mit dem Sie eine bessere seitliche Kontrolle haben.) Das ist immer ein spannender Moment. In Ihrer jetzigen Posi-

8

tion auf dem Pferderücken haben Sie – zumindest in dieser frühen Phase – nicht mehr so viele Kontrollmöglichkeiten wie am Boden. In dieser Phase scheiden sich zudem die Charaktere der Pferde. Die einen befolgen schon ein Stimmkommando zum Antreten sofort und sind kaum zu bremsen, die anderen bleiben bockbeinig stehen und verstehen gar nicht, was das alles soll (die zweite Kategorie ist meines Erachtens zu Beginn häufiger vertreten). Mit einem treibenden Schenkeldruck können die Pferde noch nichts anfangen, denn die Reaktion auf den Schenkeldruck ist eine angelernte Hilfe. (Sie können zwar von Anfang an den treibenden Schenkel mit anderen Hilfen zusammen einsetzen, die das

Pferd vorwärts bringen, doch wird es zu diesem Zeitpunk noch nicht auf den Schenkel reagieren, sondern auf andere vortreibende Mittel.) Was also tun, wenn das Pferd nicht laufen will. Die verbale Hilfe für Schritt kennt Ihr Pferd aus der

Ein Leckerli hilft dabei, dem Pferd klarzumachen, dass das Gewicht auf seinem Rücken der Ausbilder ist.

Bodenarbeit – sie stellt das erste Instrument dar, was Sie zum Losreiten brauchen. Reagiert das Pferd nicht darauf, weil es noch durch Ihr Gewicht auf seinem Rücken irritiert ist, müssen Sie sich etwas anderes einfallen lassen. Sie können natürlich einen Helfer rufen, der das Pferd anführt, denn das Folgen am Boden hat Ihr Pferd ja gelernt. Sie können Ihr Pferd jedoch auch durch seitliches Abstellen des Halses (in Verbindung mit der Stimmhilfe) in Bewegung setzen. Wie denn das, wenn wir vorher auf diese Weise das Pferd angehalten haben, werden Sie nun fragen. Die Logik der Methode liegt nicht sofort auf der Hand. Sie basiert (genau wie das Anhalten auf diese Weise) auf dem »Faulheitsprinzip«, was sich bei Pferden (und nicht nur bei Pferden ...) immer gut bewährt. Jedes Pferd möchte sich mit einem Minimum an Anstrengung und Unbequemlichkeit durchs Leben mogeln. Eine starke Dehnung im Hals empfindet es mit der Zeit als unbequem, weil seine Muskeln ermüden. Wenn Sie es nun mit weit seitwärts geführter Hand stark seitlich abstellen, dann wird es mit Kopf und Hals in diese Richtung nachgeben, weil es das in der Bodenarbeit sicher gelernt hat. Irgendwann wird ihm das aber zu unbequem und um den Hals wieder gerade zu kriegen und so zu entspannen, wird es mit der Schulter und den Beinen dem seitwärts führenden Strick oder Zügel (beim Sidepull) folgen. Damit will es sich

Das Pferd durch den seitwärts wirkenden Zügel in Bewegung setzen.

in seiner Längsachse wieder geraderichten. Es hat sich jetzt zwar nicht vorwärts bewegt, aber seinen ersten Schritt seitwärts gemacht. Arbeiten Sie nun zusätzlich mit einem dem Pferd bekannten Stimm-

kommando – Schritt oder Walk oder was auch immer –, wird das Pferd schnell begreifen, was Sie eigentlich von ihm wollen und dass man auch geradeaus antreten kann.

Verlangsamen und Anhalten

Lassen Sie das Pferd nun innerhalb des Roundpen oder des geschlossenen Reitplatzes einfach ein wenig mit Ihnen oben drauf herumspazieren, ohne bei diesem ersten Mal viel von ihm zu wollen. Es soll sich nur an Ihr Gewicht in der Bewegung (im Schritt) gewöhnen. Versuchen Sie es zwei-, dreimal anzuhalten und wieder in Bewegung zu setzen. Zum Anhalten verwenden Sie das verbale Kommando für Halt und zupfen kurz seitlich an einem Zügel (Sidepull) oder Führseil, wie schon im Abschnitt »Bein über den Sattel schwingen« beschrieben. Versuchen Sie von Anfang an bei den Anhalteübungen viel Gewicht in den Sattel zu bringen. D.h. verlegen Sie Ihr Gewicht nach hinten und kippen Sie Ihr Becken, sodass der untere Teil nach vorne und der obere Teil des Beckens nach hinten »klappt« (mehr dazu in das erste Jahr unter dem Sattel). Die meisten Pferde, vor allem die, die sich schlecht in Bewegung setzen lassen, halten bereitwillig an. Bekommen sie dann für diese erwünschte Reaktion auch noch einen Leckerbissen, dann haben Sie schon bald eine Art Anhaltereflex etabliert, mit dem Sie das Pferd auch in Stress-Situationen stoppen können. (Das Anhalten wird mit »angenehm« ver-

bunden.) Die Reaktionen auf den seitlich stellenden Zügel und später zusätzlich auf den inneren Schenkel des Reiters tun ein Übriges, um das Tempo des Pferdes zu kontrollieren, wenn sie gefestigt sind.

Das sichere Anhalten bzw. Verlangsamen des Pferdes, auch wenn es Angst haben sollte, ist das A und O der Kontrolle. Wenn das klappt, können Sie mit Ihrem Pferd ins Gelände gehen – vorerst nur im Schritt (abseits von stark befahrenen Straßen) und in Begleitung eines ruhigen Pferdes, aber Sie können raus und die langweilige Arbeit, das Pferd an das Tragen Ihres Gewichtes zu gewöhnen und es damit zu konditionieren, ins Gelände verlegen.

Ver-Sicher-ung
Ein kleiner »versicherungstechnischer« Einschub

Manche Haftpflicht-Versicherungen machen Ärger, wenn sie einen vom gebisslos gezäumten Pferd im Gelände verursachten Schaden regulieren sollen. Klären Sie mit Ihrer Versicherung, ob diese irgendwo vorschreibt, dass das Pferd nicht gebisslos im Gelände geritten werden darf.

Pferdeleute wissen, dass ein Pferd mit keinem Gebiss der Welt gehalten werden kann, wenn es in Panik gerät. Versicherungsleute wissen das in der Regel nicht – und es interessiert sie auch nicht. Interessant für die Versicherung ist nur, dass Sie – vermeintliche – Sicherheitsvorkehrungen außer Acht gelassen haben und sie sich deswegen um eine Zahlung drücken kann. Spezielle Versicherungen für westerngerittene Pferde machen normalerweise keine Probleme, denn in der westernspezifischen Ausbildung ist es verbreitet, dass Pferde im ersten Ausbildungsjahr auf Bosal oder Sidepull geritten werden. Befürchten Sie Probleme, dann hängen Sie dem Pferd draußen zusätzlich zu Bosal oder Sidepull eine Trense ins Maul und reiten Sie mit Doppelzäumung – Sie müssen das Gebiss ja nicht benutzen. Das Pferd sollte jedoch in diesem Fall zumindest mit dem Trensengebiss vertraut sein. Und setzen Sie mit Ihrem jungen Pferd draußen einen Helm auf. Inzwischen gibt es neben den normalen Reitkappen auch funktionellere,

luftige Helme sowie stilistisch passend zu westerngerittenen Pferden DIN-genormte Helmschalen, die Sie unter einen Hut basteln können. Damit haben Sie sich zumindest finanziell abgesichert, wenn es doch einmal zu einem unangenehmen Zwischenfall kommen sollte.

Trabt Ihr Pferd bei den ersten Runden unter dem Reiter von sich aus an, dann versuchen Sie es möglichst wenig zu stören und führen es nach ein paar Trabtritten durch Abwenden, d.h. seitliche Führseil- bzw. Zügeleinwirkung und Stimmkommando zum Schritt zurück. Haben Sie Ihr Pferd erfolgreich ein paarmal angehalten und wieder in Bewegung gesetzt, beenden Sie für diesen Tag die Arbeit.

Schlussrituale

Noch ein Wort zum Beenden einer Arbeitssequenz: Manövrieren Sie Ihr Pferd in die Mitte der Reitbahn oder des Roundpen, loben es dort, steigen ab, geben ihm evtl. noch einen Leckerbissen und führen es dann erst zum Ausgang. Etablieren Sie so eine Art Schlussritual – die Pferde gewöhnen sich schnell daran – und steigen Sie nicht einfach neben dem Ausgang ab, weil es bequemer ist. Pferde, die ein wenig arbeitsscheu sind, kleben sonst möglichweise nach wenigen Tagen am Ausgang.

Zu schnell ...

In seltenen Fällen kann es passieren, dass sich das Pferd sofort nach Ihrem Aufsteigen in einer Weise in

Bewegung setzt, die Ihnen überhaupt nicht gefällt. Es rennt vielleicht einfach erschrocken los oder macht einen »Verlegenheitsbuckler«, weil es dem ungewohnten Gewicht auf seinem Rücken entkommen will. Das wird bei guter Vorbereitung wirklich ein ganz seltener Fall sein, doch ganz auszu-

Abwenden mit weit seitlich herausgeführter Hand.

schließen ist es nicht. In diesem Fall versuchen Sie, erstens ruhig und zweitens oben zu bleiben und beruhigend auf das Pferd einzureden. Ihre dem Pferd aus der Bodenarbeit vertraute Stimme ist ein entscheidender Faktor zur Beruhigung des erschrockenen Pferdes. Lassen Sie das Pferd merken, dass da nichts Fremdes auf seinem Rücken hockt, sondern seine Vertrauensperson, zu der Sie während der Bodenarbeit geworden sind. Je hektischer und ängstlicher Sie selbst bei einem solchen Zwischenfall reagieren, umso hektischer wird auch Ihr Pferd, denn dann wird es ja in seiner Ahnung bestätigt, dass da etwas nicht in Ordnung ist.

Ist Ihnen ohne »Halteriemen« nicht ganz wohl bei der Vorstellung, Ihr

Pferd könnte bocken, dann benutzen Sie einen Halsriemen oder einen »Angstriemen« am Vorderzwiesel des Sattels, in den Sie hineingreifen können. Verwenden Sie einen Westernsattel zum Anreiten, dann können Sie sich zur Not am Horn festhalten.

Die seitliche Abstellung zum Abwenden und Verlangsamen werden Sie möglicherweise bei einer Schreckreaktion des Pferdes nicht mehr hinkriegen. Benutzen Sie dann Sidepullzügel oder Führseil als Störfaktoren, indem Sie dem Pferd damit wiederholt einen seitwärts gerichteten Ruck auf die Nase versetzen (so ähnlich wie Sie Paraden geben, aber härter und möglichst weit seitlich wirkend). Diese »Störer« kennt Ihr Pferd von der Bodenarbeit; damit sollten Sie es wieder dazu bringen, auf Ihre Signale zu hören.

Befinden Sie sich auf dem Reitplatz, versuchen Sie das Pferd zur Not in eine Ecke zu lenken, damit es nicht zu viel Tempo aufnimmt. Oder stellen Sie es schräg gegen die Umzäunung. Im Roundpen kann es kaum gefährlich schnell werden, weil es immer innerhalb von 15 bis 18 Metern wieder einen Zaun vor der Nase hat.

Wiederholung

Am nächsten Tag steigen Sie nun nicht einfach sorglos auf, wie bei einem älteren Pferd, sondern Sie beginnen wieder mit den einzelnen Aufsteige-Stationen: Gewicht in den Steigbügel von beiden Seiten –

Aufsteigen und wieder Absteigen auf beiden Seiten (ruhig zügig und ohne große Verzögerungen) – Aufsitzen und das Pferd weiterhin stehenlassen, loben und evtl. mit einem Leckerbissen belohnen – das Pferd in Bewegung setzen – eine Weile im geschlossenen Roundpen oder geschlossener Reitbahn spazierenreiten – Anhalten – in Bewegung setzen – Anhalten usw.

Richtungswechsel

Jetzt können Sie auch schon einmal den einen oder anderen Richtungswechsel bzw. Handwechsel probieren. Auch wieder mit seitlich herausgeführter Hand, aber ohne Stimmkommado. Stellen Sie jedoch dabei das Pferd nicht so stark ab wie beim Anhalten und verlegen Sie

deutlich Ihr Gewicht nach innen. Hier greift jetzt schon die Gleichgewichtstheorie, nach der das Pferd immer bestrebt ist, unter Ihrem Gewicht zu laufen. Belasten Sie nun Ihren linken Gesäßknochen mehr als den rechten, dann bringen Sie das Pferd damit etwas aus dem Gleichgewicht, was ihm natürlich unangenehm ist, und es folgt mit

Seitliche Gewichtsverlagerung zum Abwenden.

8

seinem Schwerpunkt Ihrer Gewichtsverlagerung nach links. Dass Sie dabei nicht in der Hüfte einknicken oder den Kopf schieflegen dürfen (weil Sie damit das Gewicht auf den falschen Gesäßknochen bringen), wissen Sie sicher.

Alternativen

Fühlen Sie sich sicherer mit einem Helfer, der das Pferd die ersten Male führt, ist das auch eine durchaus legitime Methode. Auch das Longieren des Pferdes mit einem Reiter ist möglich. Vorteil ist, dass der Longenführer das Pferd in dieser Phase besser kontrollieren kann als der Reiter. Nachteil ist, dass Sie anfangs immer auf einen Helfer angewiesen sind und dass bei der Arbeit mit praktisch zwei Bezugspersonen das Pferd mehr auf den Longenführer als auf den Reiter hört (in der klassischen Methode sitzt an der Longe auch oft nicht der tatsächliche spätere Reiter/Ausbilder, sondern irgend jemand, der leicht und sicher ausbalanciert ist und das Pferd möglichst wenig stört). Für das Gewöhnen an (irgendein) Reitergewicht ist diese Arbeit mit dem »passiven Gewicht« unter Umständen gut geeignet. Für das Lehren der Hilfen unter dem Reiter (bzw. eines vernünftig aufeinander aufgebauten und abgestimmten Hilfensystems) dagegen nicht. Da ist es sinnvoller, wenn der tatsächliche Ausbilder von Anfang an auf dem Pferd sitzt, mit der langwierigen und auch oft langweiligen Kontroll-Arbeit im Schritt beginnt und sich langsam über den Trab bis zum Galopp hoch arbeitet.

Erster Trab

Wiederholen Sie die Abläufe mit mehrmaligem Auf- und Absteigen und den ersten Kontroll-Übungen unter dem Reiter an mehreren Tagen hintereinander. Haben Sie das Gefühl, Ihr Pferd im Schritt unter Kontrolle zu haben, dann können Sie den ersten Trab versuchen. Das verbale Kommando für Trab sollte das Pferd aus der Longenarbeit kennen. Also setzen Sie es auch jetzt ein. Probehalber können Sie ja auch schon mal versuchen, einen beidseitigen stärkeren Schenkeldruck mit dem Kommando Trab zu verbinden. Die meisten Pferde werden darauf nicht reagieren. Andere werden auf den Druck eher verdutzt stehen bleiben – im Gesicht ein großes Fragezeichen »Was will sie/er denn jetzt von mir?«. Die meisten Pferde können Sie jedoch schon früh unter dem Reiter mit der treibenden Gertenhilfe konfrontieren – denn die kennen sie aus der Bodenarbeit. Setzen Sie sie

Vorwärtsorientierung in der Haltung des Pferdes und im Oberkörper der Reiterin im Leichttraben. Entspannte Oberlinie.

mit dem verbalen Kommado zusammen an der Hinterhand des Pferdes ein. Sobald das Pferd die ersten Trabtritte macht, loben Sie und stellen die treibenden Hilfen ein. Fällt das Pferd gleich wieder in den Schritt, dann wiederholen Sie Stimmhilfe, Schenkeldruck und evtl. Gertenhilfe für den Trab und stellen wieder die Hilfen ein, sobald es trabt. Verlängern Sie mit der Zeit die Strecken, die das Pferd trabt. Beginnen Sie mit großen Wendungen (Zirkel), wenn das Pferd auf der Geraden taktrein und gleichmäßig trabt.

Die Haltung des Pferdes

Um das Pferd auf Dauer schadensfrei reiten zu können, muss es »über den Rücken« gehen. Mög-

lichst von Anfang an. Über den Rücken zu reiten bedeutet nun nicht zwingend – besonders ganz am Anfang nicht –, das Pferd »in Haltung«, d.h. am Zügel zu reiten. Es genügt, das Pferd so einzustellen, dass es die Nase tief nimmt und die Hinterhand nicht »zu Hause vergisst«. Damit wölben sich automa-

Anhalten des Pferdes aus dem Trab am losen Zügel. Die Reiterin nimmt das Gewicht nach hinten und kippt leicht im Becken ab.

8

tisch der Rücken und Hals (die Oberlinie) nach oben und das Pferd kann den Reiter mehr oder weniger bequem tragen.

Im Schritt fällt die ganze Sache dem Pferd noch leicht, bei den ersten Übungen im Trab kann es schon schwerer werden, wenn das Pferd z.B. ein ungünstiges Exterieur oder einen schwachen Rücken hat und

dazu mit dem Reitergewicht konfrontiert wird. In der Longenarbeit sollte ein solches Pferd schon einer »Grunddehnung« der Oberlinie unterzogen worden sein. Das Nachgeben auf seitlichen Zug am Zügel kennt es auch aus der Bodenarbeit. Und mit diesen beiden »Grundkenntnissen« des Pferdes sollte es Ihnen als Reiter möglich sein, das

Pferd tief einzustellen, indem Sie es in große Wendungen reiten und so verhindern, dass es die Nase hochnimmt und den Rücken wegdrückt (siehe auch folgendes Kapitel). Versuchen Sie nicht, das Pferd mit Hilfszügeln in eine Form zu pressen (auch wenn Sie es zeitweise damit longiert haben). Allenfalls ein Chambon oder etwas ähnlich auf das

Freie, lockere Haltung im Schritt.

Falsch: Das Pferd drückt den Hals hoch und den Rücken weg.

Gute Haltung des Pferdes im lockeren Trab – gebisslos nur mit dem Sidepull erreichbar.

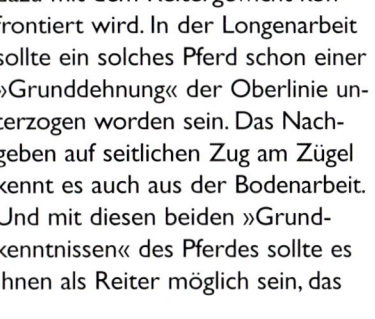

Genick Wirkendes kann sinnvoll sein. Ein Martingal mit genügend lang geschnallten Ringen für Pferde, die mit Kopf bzw. Hals nach hinten schlagen (und das nur »greift«, wenn das Pferd wirklich den Kopf hochreißt) ist auch noch in Ordnung. Das Martingal kann auch gut mit dem Sidepull zusammen eingesetzt werden. Andere als diese beiden Hilfsmittel führen nur zu verstärkten Spannungen (vor allem im Genickbereich) und beheben damit nicht das Grundproblem. Das Pferd hält entweder den Rücken trotz vermeintlich richtiger Haltung fest, es schleppt die Hinterhand nach, oder es liegt zentnerschwer auf der Hand bzw. auf dem Hilfszügel. Irgendwie findet es immer einen Weg, an den falschen Stellen nach-

zugeben, wenn Sie sich auf die Wirkung von Hilfszügeln verlassen. Verlassen Sie sich lieber auf Ihr Gefühl. Ist das Pferd unbequem und geht nicht genug vorwärts, dann hält es oft den Rücken fest. Reiten Sie es vorwärts und wenden es ab. Schon bald können Sie auch mit Cavaletti in Schritt und Trab arbeiten. Das bringt das Pferd dazu die Nase tief zu nehmen und die Beine zu heben – und schon »ist der Rücken da«.

Problemvermeidung durch sinnvolle Wahl der Gangart

Der **Schritt** ist beim Anreiten die unproblematischste Gangart. Unproblematisch in Bezug auf das Gleichgewicht des Pferdes unter dem Reiter, auf die Rückenbewegung des Pferdes und damit auch

auf das gemeinsame Gleichgewicht der Kombination Reiter-Pferd. Und auch hinsichtlich der Belastung der Sehnen und Gelenke des Pferdes mit dem Reitergewicht.

Der Schritt ist die ideale Gangart, um Gehorsamsübungen aus der Bodenarbeit zu wiederholen und unter dem Reiter zu etablieren sowie Schenkelhilfen zu lehren. Bei den allerersten Übungen geht es dabei nur um Anhalten und Abwenden, also um rudimentäre und grobe Kontrolle, doch schon bald können sich Rückwärtsrichten und Trail- (bzw. Koordinations-)übungen mit Vorwärts-Seitwärts-Rückwärts-Lektionen anschließen, die Ihnen helfen, das Pferd auf Schenkelhilfen und Zügelhilfen zu sensibilisieren. Ein Anhalten aus dem Schritt muss von Anfang an und immer möglich sein, denn das Pferd kennt und versteht das verbale Kommando für Halt und kann die minimale Bewegungsenergie aus der Vorwärtsbewegung im Schritt gut in einem »Stopp« abfangen. (Das Gleiche gilt auch für alle einfachen Wendungen im Schritt, denn das Pferd weiß, dass es dem seitlich abgestellten Zügel folgen soll und die Zentrifugalkraft greift noch nicht wegen des fehlenden Tempos.) Hält es nicht an oder folgt dem seitlich wirkenden Zügel nicht, dann kann das zwei Gründe haben: Es regt sich auf, hat Angst oder aufgestaute Energie. Oder es testet aus, ob es sich den Kommandos des Reiters widersetzen kann, d.h. es lässt es auf einen Rangstreit mit Ihnen ankommen.

Wurde die Rangfolge in der Bodenarbeit sauber geklärt, dann dürfte sich das Pferd prinzipiell auch bei Angst den Anweisungen des Reiters nicht widersetzen. Aufgestaute Energie sollte es ohne Reiter entladen dürfen – z.B. auf der Koppel oder frei im Roundpen. Eine explosive Übermutsreaktion brauchen Sie schließlich nicht zu provozieren. Handelt es sich um einem »Test« des Pferdes hinsichtlich der Rangordnung, müssen Sie den auf jeden Fall bestehen. Wenn das Pferd also aus dem Schritt nicht anhalten will, dann tun Sie, was Sie können, um Ihre Forderung durchzusetzen. Stellen Sie das Pferd mit der Nase gegen die Reitbahnumzäunung. Zupfen Sie einseitig am Zügel und werden Sie mit den einzelnen Zupfern

immer härter. Erheben Sie die Stimme. Werden Sie im Tonfall schärfer bei verbalen Kommandos. Und lassen Sie das Pferd zur Not frontal gegen die Umzäunung laufen. Sobald es steht, lassen Sie es in Ruhe und eine ganze Weile ruhig stehen. Loben Sie es und entspannen sich auf seinem Rücken. Bleibt es eine Weile ruhig stehen, können Sie ihm schließlich auch einen Leckerbissen geben. Das Pferd soll das Anhalten

Schrittarbeit als Grundlage.

Trab – die vielseitigste Ausbildungsgangart.

mit etwas Angenehmem verbinden, es muss jedoch auch lernen, dass Sie als Reiter äußerst unangenehm werden, wenn es Ihre Anweisungen ignoriert.

Die Grundsteine für alle Hilfenkombinationen (z.B. für die Seitengänge) und alle Koordinationsübungen mit dem Pferd werden im Schritt gelegt. Verlangen Sie nichts im Trab, was im Schritt nicht funktioniert. Im Schritt haben Sie Zeit, sich selbst zu koordinieren und zu probieren, mit welcher Intensität verschiedene Komponenten einer Hilfenkombination (das Zusammenwirken der Hilfen – siehe nächstes Kapitel) bei diesem speziellen Pferd gegeben werden müssen, damit der gewünschte Erfolg eintritt.

Trab gilt prinzipiell als die »Ausbildungsgangart schlechthin« und bietet die besten Gymnastizierungs- und die meisten Korrekturmöglichkeiten. Viele Pferde haben mit den ersten Trabtritten unter dem Reiter auch kein nennenswertes Problem. Bei Pferden mit schwierigem Exterieur kann der Trab mit seiner Schwebephase nach jedem diagonalen Auffußen jedoch schon ein kleines Gleichgewichtsproblem mit sich bringen. Überbaute Pferde mit tief angesetztem Hals und/oder einer ungünstigen Winkelung der Hinterhand kommen leicht auf die Vorhand – und damit aus dem Gleichgewicht. Sie neigen zum Wegeilen unter dem Reiter, weil die Hinterhand zuviel Schub entwickelt – so viel, dass ihn die Vorhand nicht auffangen kann. Diesen Pferden dürfen Sie von Anfang an kein zu hohes Tempo im Trab erlauben. Viele Paraden zum Schritt und erneutes Antraben aus dem Schritt und später aus dem Halten bringen das Pferd dazu, unterzutreten und sich besser zu tragen (siehe auch »Das erste Jahr unter dem Sattel«).

Pferde mit viel Schwung, die kräftig und federnd abfußen, entwickeln eine beträchtliche Aufwärtsbewegung im Rücken. Da das junge Pferd bei seinen ersten Trabversuchen selten den Rücken gleich »hergibt«, also ohne Spannung von hinten nach vorn »durchtritt«, haben Sie als Reiter damit oft ein Sitzproblem. Das Pferd verhält sich im Rücken, ist unbequem und »wirft«. Dadurch können Sie schlecht sitzen und stören schlimmstenfalls das Pferd durch Ihren nicht völlig ausbalancierten Sitz – das Pferd verspannt sich noch mehr und Sie können noch schlechter sitzen. Solche Pferde müssen Sie energisch vorwärts und vor allem mit tiefer Nase reiten. Indem Sie leichttraben oder in den leichten Sitz gehen, können Sie sich und dem Pferd erstmal helfen. Für alle Arten von Trabproblemen gilt: Sorgen Sie dafür, dass das Pferd den Rücken entspannt und entwickeln Sie die Tragkraft der Hinterhand. Ein entspannter und damit schließlich bequemer und völlig kontrollierter Trab ist die Grundlage für die Galopparbeit. Ich gehe sogar soweit zu fordern, dass das Pferd im Trab mindestens das Schulterherein, besser noch das Travers beherrschen muss (und dementsprechend gut auf Schenkel und Gewicht reagieren), um einen vernünftigen Galopp zu entwickeln.

Der **Galopp** ist die gleichgewichtstechnisch problematischste Gangart. Vor allem während Einbeinstütze und Schwebephase ist der Galopp mit Reiter ein komplizierter Balanceakt für das junge Pferd (ganz abgesehen von der starken Belastung des stützenden Vorderbeines in der Einbeinstütze). Balanceprobleme in dieser Gangart führen in den allermeisten Fällen dazu, dass das Pferd zu schnell wird und im wahrsten Sinne des Worte die Flucht (vor dem Gleichgewichtsverlust) nach vorn antritt. Durch schnelleres Auffußen versucht es, im Gleichgewicht zu bleiben und wird dabei dummerweise immer schneller. Versuchen Sie es

Ausbalancierter Galopp durch Vorbereitung im Trab.

durch Zügeleinwirkung zu verlangsamen, wird es eine Stütze in der Hand suchen, um damit sein Gleichgewicht wiederzufinden und Ihnen zentnerschwer auf der Hand liegen. Das Verlagern Ihres eigenen Gewichtes nach hinten, wie es nach der Gleichgewichtstheorie richtig ist, nützt Ihnen nur dann etwas, wenn die Hinterhand des Pferdes schon gut genug trainiert ist, um zu tragen. Ist das noch nicht der Fall, dann kann die Hinterhand die zusätzliche Arbeit (das Reitergewicht hauptsächlich zu tragen) nicht leisten – und das Pferd rennt weiter.

Faulere oder auch »schlaue« Pferde weigern sich möglicherweise, unter dem Reiter anzugaloppieren, wenn sie noch nicht bereit sind. Nicht umsonst sagt man, mit dem Galopp solle man warten, bis das Pferd ihn anbietet. Durch Seitengänge im Trab und viele Tempo- und Gangartenwechsel Schritt-Trab-Schritt können Sie die Tragkraft der Hinterhand entwickeln und damit die ersten Galoppversuche entspannter gestalten. Sie haben schließlich nichts davon, wenn Ihnen das Pferd bei jedem Angaloppieren davonsaust und Sie Ihre liebe Not haben, es irgendwie zu verlangsamen. Oder wenn Sie Ihr Pferd nur mit brachialer Gewalt in den Galopp hineinwürgen können und es Ihnen nach drei herausgequetschten Galoppsprüngen wieder ausfällt.

Für alle Galopp-Probleme gilt also »Back to the Roots«. Setzen Sie die Galopparbeit aus, wenn Sie Probleme damit haben oder Probleme vermuten und gymnastizieren Sie das Pferd im Schritt und vor allem im Trab soweit, dass die Hinterhand genug Tragkraft entwickelt, um Gewicht aufzunehmen.

Haben Sie ein Pferd, was früh einen kontrollierten, taktreinen Galopp anbietet, dann nehmen Sie das Angebot an; überfordern Sie jedoch nicht seine Beine, indem Sie es Runde um Runde galoppieren. Berücksichtigen Sie die alte Regel »Galoppieren lernt das Pferd durch Angaloppieren«. Das bedeutet: Nur durch kontrolliertes »Anspringenlassen« lernt das Pferd, sich zu tragen und nicht auf die Vorhand zu kommen. Durch langes (Ab-)galoppieren in einem Tempo machen Sie das Pferd nur müde – ohne gymnastischen und trainierenden Wert.

Das erste Jahr unter dem Sattel

Allround-Grundausbildung unter dem Reiter

Wie in der Vorbereitung am Boden plädiere ich auch in der Grundausbildung unter dem Sattel für ein vielseitiges Training, mit dem Sie keinen Fachidioten aus Ihrem Pferd machen. Nutzen Sie dafür sinnvolle Übungen aus mehreren Reitstilen. Nur mischen und probieren Sie nicht wahllos herum sondern arbeiten Sie mit System.

Die Wahl der Ausrüstung wird sich natürlich nach Ihren speziellen Vorlieben richten. Sie ist aber nur insofern von Bedeutung, dass Sie dem Pferd passen und Ihnen angenehm und vertraut sein muss. Im ersten Jahr unterscheiden sich die Ausbildungs-Ziele aller wirklich ernst zu nehmenden Reitmethoden bzw. Reitstile nicht gravierend. Sie dürfen sich – zum Wohle des Pferdes – auch nicht unterscheiden. Es geht in jeder guten Grundausbildung unter dem Reiter erstens darum, das Pferd zu gymnastizieren und zu konditionieren, und damit zu verhindern, dass es gesundheitlichen Schaden durch den Reiter erleidet. Zweitens geht es darum, das Pferd für den Reiter kontrollierbar (d.h. sicher) und bequem zu machen. Beide Teil-Ziele bedingen sich gegenseitig und bauen aufeinander auf. Sie gipfeln in einer Minimierung der Hilfengebung und des Kraftaufwandes für Reiter und Pferd und damit in einem harmonischen, eleganten Miteinander. Und nur dann macht das Reiten wirklich Spaß – egal ob Sie mit einem so ausgebildeten Pferd im Gelände spazieren reiten oder aufs Turnier gehen. Egal ob Sie später am losen Zügel reiten oder eine feine Verbindung zum Pferdemaul erreichen wollen.

Mit ein paar psychologischen Tricks und einer physiologisch sinnvollen Staffelung von gymnastischen und konditionsfördernden Übungen können Sie sich das (Reiter-)leben erleichtern. Ergänzen dürfen Sie, was immer in Ihr System passt, »straflos« auslassen dürfen Sie jedoch nichts Wesentliches. Das rächt sich später, wenn Sie auf nicht vorhandenen Grundlagen aufbauen wollen. Obwohl das Pferd hauptsächlich durch Wiederholungen lernt, gibt es beim Reiten nichts Schlimmeres, als stumpfes Abspulen eines sturen Ausbildungsplanes. Wie beim Wandern und Bergsteigen gilt auch beim Reiten: »Der Weg ist das Ziel« – und der Weg soll Spaß machen und interessant sein.

Koordinieren Sie sich und Ihr künftiges Dressurpferd mit Trailübungen und machen es gleichzeitig damit »scheusicher«. Benutzen Sie Cavalettiarbeit und Springgymnastik der Springpferdeausbildung zur Auffrischung für faule, oder als Entspan-

Traversale auch mit einhändiger Zügelführung für Westernpferde ...

nungstraining für verspannte Pferde. Bringen Sie Ihrem Westernpferd eine klassische Traversale bei und biegen es damit auf elegante Weise (besonders elegant, wenn es später auch mit einhändiger Zügelführung traversiert).

Erweiterung der Kommunikationsmöglichkeiten zwischen Reiter und Pferd

Es geht darum
1. die Kontrollmöglichkeiten des Reiters zu verbessern
2. die Kommunikation zwischen Pferd und Reiter zu verbessern, indem der »Sprachschatz« beider erweitert wird (= zusätzliche Signale und Hilfenkombinationen)
3. die Koordination des Pferdes unter dem Reiter zu verbessern
4. die Muskulatur des Pferdes mit dem Gewicht des Reiters zu trainieren und an den »richtigen« Stellen aufzubauen
5. die Kondition des Pferdes zu verbessern
6. die Beweglichkeit des Pferdes

9

und die Tragkraft der Hinterhand durch gymnastizierende Übungen zu verbessern

7. die Hilfen hinsichtlich Intensität, Dauer und Kraftaufwand zu minimieren (= Zielvorstellung)

Hilfenkombinationen

In den ersten Schritten unter dem Reiter hat das Pferd gelernt, sich mit dem Reitergewicht abzufinden und auf einfache, unkombinierte Signale des Reiters zu reagieren. Zu den einfachen Signalen zählen erstens die, die das Pferd von Natur aus verstehen kann und zweitens die, die es in der Bodenarbeit schon gelernt hat. Es sind dies die Gewichtshilfen, der seitwärts wirkende Zügel und die Stimmsignale des Reiters.

Einfache Gewichtshilfen

Von Natur aus »verständlich« ist dem Pferd die Gewichtsverlagerung des Reiters. Es reagiert mehr oder weniger selbstverständlich darauf, um sein eigenes Gleichgewicht zu wahren. Kurz zusammengefasst: Gewicht des Reiters auf den linken Gesäßknochen: das Pferd wendet nach links ab, um mit seinem eigenen Schwerpunkt wieder unter den Schwerpunkt des Reiters zu kommen – Gewicht des Reiters auf den rechten Gesäßknochen: das Pferd wendet nach rechts ab – Gewicht des Reiters nach vorne: das Pferd wird schneller oder tritt an – Gewicht das Reiters nach hinten: Das Pferd wird langsamer oder hält an. Setzen Sie das Gewicht später in Verbindung mit Schenkel- und

Zügelhilfen als Hilfenkombination ein, so muss die »einfache Gewichtshilfe« hinsichtlich des Einsatzes innerhalb der »zusammengesetzten (kombinierten) Hilfen« modifiziert werden. Die einfache Gewichtshilfe dient der einfachen »Grobsteuerung« des Pferdes, Kombinations-Hilfen dienen später der »Feinsteuerung«.

Mit den einfachen Gewichtssignalen, der weitgehend natürlichen (und in der Bodenarbeit gefestigten) Reaktion des Pferdes auf den direkten, seitlich wirkenden, inneren Zügel und verbale Kommandos können Sie das Pferd grob lenken und sein Tempo kontrollieren. Diese einfachen Signale haben jedoch ihre Grenzen, sobald das Pferd vermehrt gymnastiziert und die Tragkraft der Hinterhand entwickelt bzw. verbessert werden soll (Versammlung). Auch bei Pferden mit Temperaments- oder Gebäudeschwierigkeiten kommt man schon frühzeitig ohne eine Erweiterung der Hilfengebung durch zusätzliche sowie kombinierte Signale nicht aus.

Neue Hilfen zur Erweiterung des Sprachschatzes

Schenkeldruck

Das erste zusätzliche Signal, was dem Pferd unter dem Reiter vermittelt werden muss, ist der Schenkeldruck. Das Pferd soll dem Druck des Reiterschenkels prinzipiell ausweichen: Beim beidseitig vortreibenden Schenkel nach vorne, beim seitwärts treibenden Schenkel zur Seite (je nach Lage des Schenkels weiter vorne eher mit der Vorhand und weiter hinten eher mit der Hinterhand).

Sie können, wenn Sie wollen, auch den Schenkeldruck am Boden trainieren. Statt Ihre Körperposition oder die Gerte für ein Seitwärtssignal zu verwenden, können Sie das Pferd mit zwei, drei Fingern in die Seite pieken und damit ein seitliches Ausweichen initiieren.

Doch auch bei Übungen unter dem Reiter wird das Pferd schnell begreifen, was der Schenkeldruck soll, wenn Sie ihn mit Hilfe der schon bekannten Signale lehren. Die seitlich ausweichende Reaktion des Pferdes auf den einseitig drückenden (seitwärts treibenden) Schenkel ist am leichtesten zu erzielen: Versuchen Sie einfach, eine Vorhandwendung zu reiten.

Angenommen, die Hinterhand des Pferdes soll nach rechts ausweichen und einen Kreis um die stehende Vorhand herum beschreiben. Nehmen Sie dazu den inneren Zügel an und stellen Sie das Pferd leicht nach links. Gleichzeitig drücken Sie mit dem linken Schenkel etwa 10 bis15 Zentimeter hinter dem Sattelgurt. Reagiert das Pferd nicht, nehmen Sie den Druck weg und drücken erneut. Wiederholen Sie das ein paarmal, klopfen Sie evtl. auch mal kurz mit dem Schenkel, um dem Pferd zu verdeutlichen, dass es dem störenden Klopfen ausweichen soll. Zudem stellen Sie nun den Hals des Pferdes immer weiter nach links, ohne dabei jedoch den Kontakt am rechten Zügel völlig aufzugeben. Sie brauchen ihn, um zu verhindern, dass sich das Pferd vorwärts bewegt. Irgendwann werden dem Pferd sowohl die Biegung im Hals als auch der störende Schenkel unangenehm und es weicht mit der Hinterhand nach rechts aus. Stellen Sie nach dem ersten erwünschten Seitwärtsschritt der Hinterhand sofort jedes Signal ein, lassen das Pferd ruhig stehen und loben es. Auch, wenn die Vorhand mit seitlich ausgewichen ist, ist das o.k. Das Stehenlassen der Vorhand besorgt später, in der feineren Abstimmung der äußere Zügel. Jetzt geht es erstmal nur um die Ausweichreaktion der Hinterhand.

Wiederholen Sie die Prozedur zwei-, dreimal auf der einen Seite (immer mit langen Pausen nach einer erwünschten Reaktion) und probieren Sie es nach einer Schrittrunde zum Entspannen auf der anderen Seite. Sie können auch mit einem Gertensignal die Wirkung des Schenkels unterstützen, müssen dabei jedoch aufpassen, dass sich das Pferd der Aktion nicht nach vorne entzieht.

Schenkeldruck in Intervalltechnik

Vermeiden Sie einen sich langsam aufbauenden und verstärkenden Druck des Schenkels. Arbeiten Sie stattdessen immer in der Intervalltechnik. Sie können allerdings den Druck während der einzelnen »Druckphasen« stärker und die Intervalle kürzer werden lassen, wenn das Pferd nicht reagiert – z.B so: Druck – Druck wegnehmen – Druck – Druck wegnehmen – etwas stärkerer Druck – Druck wegnehmen – evtl. leicht klopfen mit kürzeren Intervallen – Unterstützung mit einem Gertensignal an der Hinterhand. Durch die Intervalltechnik verhindern Sie, dass das Pferd Gegendruck aufbaut und sich gegen Ihren Schenkeldruck stemmt. Zudem wirkt die Intervalltechnik immer reizverstärkend, während bei einer einfachen Druckverstärkung die Reizschwelle sinkt. Es gilt das gleiche Grundprinzip wie bei den Störaktionen der Bodenarbeit: Die ständige Wiederholung von Reizen »nervt« das Pferd auf Dauer und nötigt es zu einer Reaktion.

Der jeweils äußere Schenkel bleibt bei diesen ersten Übungen ohne Druck passiv am Pferd. Strecken Sie ihn nicht weg, denn Sie werden ihn später für Hilfenkombinationen noch brauchen.

Hat das Pferd den seitwärts treibenden Schenkel prinzipiell verstanden, haben Sie den ersten Grundstein für alle Schenkelhilfen gelegt. Das Pferd hat eine neue Vokabel in der Hilfen-Sprache gelernt.

Innen und außen – vorwärts treibend und verwahrend

Der vorwärts treibende Schenkel ergibt sich aus dem seitwärts treibenden. Man kann sich das so vorstellen, dass bei beidseitigem Einsatz (und vorne gerade gestelltem Pferd) der rechte Schenkel die Hinterhand nach links und der linke Schenkel die Hinterhand nach rechts treiben würde, wenn das Pferd gelernt hat, auf den seitwärts treibenden Schenkel zu reagieren. Da es in diesem Fall hinten nach keiner Seite ausweichen kann, setzt es einfach die Hinterbeine nach vorne – d.h. unter sich. Geben Sie nun mit der Hand nach vorne nach, tritt es vorwärts an. Den vorwärts treibenden Schenkel brauchen Sie vor allem für die stärker gymnastizierenden und versammelnden Lektionen. Er ergänzt zuerst und ersetzt schließlich (bei stärkerer Versammlung) das Vorneigen des Reiter-Oberkörpers, um das Pferd antreten zu lassen bzw. zu beschleunigen.

Um dem Pferd die Unterscheidung zu ermöglichen, etablieren Sie den Druckpunkt für den vorwärts treibenden Schenkel weiter vorne (am Gurt). Anfangs können Sie auch das Vortreiben mit einem Gertensignal und natürlich mit der Stimme unterstützen. Auf diese Weise erreichen Sie sehr bald ein Antraben aus dem Halten oder sogar aus dem Rückwärtsrichten mit Ihrem jungen Pferd, was die Tragkraft der Hinterhand deutlich fördert.

Eine weitere Unterscheidung, die das Pferd bei der Etablierung der Schenkelhilfen lernen muss, ist die zwischen innerem und äußerem Schenkel des Reiters. Diese Unterscheidung brauchen Sie später für die Seitengänge und alle Übungen, bei denen das Pferd gegen seine Bewegungsrichtung gestellt wird. Ohne Seitengänge und ohne das Abkoppeln der Stellung des Pferdes von seiner Bewegungsrichtung wiederum ist keine saubere Gymnastizierung des Pferdes möglich.

Für Sie selber als Ausbilder sollte Folgendes klar sein:

Der innere Schenkel ist immer dort, wohin das Pferd gestellt und/oder gebogen ist – also auf der hohlen Seite des Pferdes.

Der äußere Schenkel ist der auf der gedehnten Seite des Pferdes.

Der innere Schenkel hat normalerweise aktiv vortreibende Wirkung und liegt immer am Gurt; er kann zum passiven (verwahrenden) Schenkel werden, wenn das Pferd reagiert hat und kein neuer Hilfenimpuls nötig ist. Besonders im Zuge der Minimierung von Hilfen kann er später immer öfter passiv werden. Doch zuerst muss das Pferd lernen, sicher auf ihn zu reagieren.

Der äußere Schenkel hat normalerweise verwahrende Funktion, soll die Hinterhand in Position halten und liegt 10 bis15 Zentimeter hinter dem Gurt; bei Bedarf wird er aktiv seitwärts treibend, um eine unerwünschte Reaktion (z.B. das Ausfallen der Hinterhand) zu verhindern. Nur in diesen Funktionen und Positionen sollten Sie Ihre Schenkelhilfen verwenden, sonst verwirren Sie das Pferd und erschweren das Lehren bzw. gefährden die Eindeutigkeit von speziellen Hilfenkombinationen.

Überdeutliche Signale

Anfangs bleibt Ihnen nichts anderes übrig, als alle Schenkel-Hilfen (und die anderen Hilfen auch) überdeutlich zu geben, sie oft in der Intervalltechnik zu wiederholen und

evtl. mit anderen dem Pferd bekannten, Hilfen (Gerte, Stimme) zu unterstützen. Ein junges Pferd ist leider nicht sofort mit eleganten, d.h. unsichtbaren, minimierten Hilfen zu reiten. Genausowenig, wie ein Erstklässler seine gemalten

Der innere Schenkel liegt am Gurt. Die Gewichtsverlagerung leitet die Wendung ein, das Pferd biegt sich um den inneren Schenkel.

Buchstaben in einer flüssigen und eleganten Schrift kombinieren kann, kann das junge Pferd auf angedeutete Hilfen und komplizierte Hilfensysteme reagieren.

Sporen bei jungen Pferden?

Gerade, weil bei jungen Pferden die Hilfen noch stärker gegeben werden mussen, meint nun so mancher, den Schenkeldruck mit dem Sporn verstärken zu müssen. Aus verschiedenen Gründen reite ich junge Pferde nicht so gern mit Sporen, sondern benutze lieber eine Gerte zur Signalverstärkung.

1. Da unerfahrene Pferde sich noch nicht völlig koordiniert bewegen, kann es gut sein, dass Sie als Reiter auch die Schenkel nicht immer ganz so ruhig liegen haben, wie es sein

Trailübungen verfeinern Schenkelhilfen.

sollte und deswegen die Sporen auch hin und wieder ungewollt einsetzen.

2. Viele Pferde reagieren auf einen treibenden Sporenstich eher mit Blockieren und Verkrampfen (einem Gegenstemmen gegen die Störung) als mit Vorwärtsgehen.

3. Je mehr Sie den Sporn einsetzen, umso stumpfer reagiert das Pferd

schließlich auf den normalen Schenkeldruck. Nur, wenn Sie Sporen von vornherein absolut kontrolliert und gezielt einsetzen können, helfen sie auf Dauer bei der Feinabstimmung (vor allem die Westernsporen mit großen beweglichen Rädern und »Glöckchen« daran sind für eine Feinabstimmung geeignet, da sie das Pferd mit einem Klirren oder Klingeln auf den Einsatz des Sporns vorwarnen und ihm schon die Möglichkeit geben vorher zu reagieren).

Koordinationsübungen, um die Schenkelhilfen zu festigen

Viele Trailübungen sowie das Schenkelweichen und Vorhandwendungen festigen die Reaktion des Pferdes auf die Schenkelhilfen und ermöglichen schon bald eine Feinabstimmung verschiedener Hilfen. Auch inneren und äußeren Zügel lernt das Pferd bei den Koordinationsübungen schon ganz gut unterscheiden (dazu später mehr). Und vor allem: Sie können schon sehr früh mit dem jungen Pferd geübt werden, da sie alle im ruhigem Schritt geritten werden können und deswegen keine hohen Anforderungen an Kondition und Gleichgewicht des Pferdes (und an schnelle Reaktionen des Reiters) stellen. Zudem kennt das Pferd viele Abläufe aus der Bodenarbeit.

Wieviel Zügeleinwirkung?

Es gilt, wie fast überall bei der Arbeit mit Pferden, so wenig wie möglich, so viel wie nötig. Falsch ist es,

sein junges Pferd sofort mit allen verfügbaren Mitteln und Hilfsmitteln »zusammenstellen« zu wollen. Aber es ist auch nicht richtig, das Pferd einfach »vor sich hin schusseln« zu lassen und vor lauter Angst, es am Kopf bzw. im Maul zu stören, den Zügel nicht anzufassen. Das Pferd muss Vertrauen zum Zügel und damit zur Reiterhand bekommen, damit wir regulierend einwirken können, ohne dass sich das Pferd gegen die Einwirkung wehrt. Um das zu erreichen, müssen wir den Zügel jedoch von Anfang an benutzen. Und wir müssen sicherstellen, dass das Pferd lernt, ihn zu respektieren, also eine Zügelhilfe auch anzunehmen. Andernfalls schaffen wir uns dauerhafte Probleme, die sich in jeder Ausbil-

dungsstufe immer wieder aufs Neue bemerkbar machen.

Wie bei den Schenkelhilfen gilt: Arbeiten Sie in der Intervalltechnik und üben Sie nie konstanten Zug aus. Damit geben Sie dem Pferd keine Möglichkeit, Gegendruck gegen die Zügeleinwirkung aufzubauen, sich »auf den Zügel zu le-

Der seitwärtswirkende Zügel.

gen« oder »gegen den Zügel zu gehen«. Außerdem kommt noch eine wichtige Forderung hinzu: Der Zügel soll nie rückwärts wirken, sondern immer nur seitwärts. Gerade beim jungen Pferd und beim Reiten mit gebisslosen Zäumungen vermeiden Sie damit einen Ziehkampf, den Sie sowieso nur verlieren können.

Dass Sie den Zügel »anfassen« und benutzen müssen gilt auch, wenn Ihr End-Ziel das einhändig am losen Zügel gerittene Westernpferd ist. Gerade bei westernausgebildeten Pferden gibt es da eine Menge Missverständnisse, was die Handhabung des Zügels bei jungen Pferden angeht. Ganz grob gesagt gilt jedoch: Der lose Zügel ist das Ziel der Ausbildung, nicht ihr Beginn. Ohne we-

nigstens kurzfristige Zügelanlehnung ist das junge Pferd nicht zu gymnastizieren und dementsprechend nicht sauber »über den Rücken« zu reiten. Lektionen, die den starken Einsatz der Hinterhand und viel Balance fordern, sind auf diese Weise nicht auszuführen. Alle aktiven Zügelhilfen – vor allem solche am stellenden, seitwärts wirkenden, inneren Zügel –, die anfangs in jeder Hilfenkombination notwendig sind, sollen jedoch so bald wie möglich wieder minimiert werden – sowohl was ihre Sichtbarkeit als auch was ihre Stärke angeht. Sie werden beim Training jeder neuen Lektion stärker gebraucht, und verlieren bei der Vervollkommnung dieser Lektion immer mehr an Bedeutung. Sie werden durch Schen-

kel- und Gewichtshilfen weitgehend ersetzt und den Zügeln kommt nur noch verwahrende (passive) Funktion zu. In der Vervollkommnung gilt das genauso für das klassische Dressurpferd wie für das Westernpferd.

Paraden geben beim jungen Pferd

Jede Parade, ob halbe oder ganze, ist immer eine vortreibende Hilfe, die vorne am Zügel wieder aufgefangen wird. Sie wirkt immer von hinten nach vorne und nie umgekehrt. Ziehen am Zügel nützt also nichts.

Beim ausgebildeten Pferd, welches auf Schenkeldruck sensibilisiert ist, können Sie das Pferd mit dem treibenden Schenkel gegen die begrenzende Hand treiben. Je nachdem, wie stark Sie vorne gegenwirken, schiebt sich das Pferd mehr oder weniger zusammen, bleibt stehen (ganze Parade) oder verlangsamt das Tempo (versammelt sich) bzw. wechselt in eine niedrigere Gangart (halbe Paraden).

Das ganz unerfahrene Pferd können Sie jedoch noch nicht mit dem Schenkel gegen die Hand schieben. Das funktioniert erst, wenn das Pferd gelernt hat, auf den Schenkeldruck differenziert zu reagieren und die begrenzende Zügelhilfe akzeptiert hat.

Bei den ersten Paraden müssen Sie Ihre Hilfen also etwas modifizieren. Arbeiten Sie am Anfang mit groberen, einfacheren Hilfen nach der Gleichgewichtstheorie sowie mit Stimmhilfen. Bei der westerntypischen Hilfengebung, bei der die Zügeleinwirkung eher Signalcharakter hat und das Pferd hauptsächlich durch Gewichtsverlagerung verlangsamt oder beschleunigt wird, kann anfangs die Schenkeleinwirkung und auch der gegenhaltende, verwahrende Zügel durch Gewicht und Stimme ganz gut ersetzt werden.

Wenn Sie Ihr Pferd die ersten Male aus dem Schritt oder auch Trab anhalten, so sorgen Sie durch kurzes einseitiges »Zupfen« am stellenden inneren Zügel dafür, dass es im Genick nachgibt und die Nase senkt, verlegen danach Ihr Gewicht nach hinten und blockieren durch Abkippen des Beckens die Rückenbewegung des Pferdes. Gleichzeitig geben Sie das verbale Kommando zum Anhalten. Ganze Paraden zu Halten sind auf diese Weise sehr einfach ohne Schenkeldruck zu reiten – aber nur dann, wenn das Pferd vorher rund, d.h. über den Rücken gegangen ist. Das funktioniert auch in der fortgeschrittenen Ausbildung noch: Die Hilfen für die Stopps der Westernpferde werden – bei maximalem Einsatz der Hinterhand des Pferdes – oft ohne Schenkeleinwirkung gegeben.

Reagiert ein Pferd nicht auf diese Art der ganzen Parade, so können Sie es mit dem Kopf seitwärts gegen die Bande stellen oder auch einmal einfach frontal gegen die Bande laufen lassen, wenn es Ihre Signale ignoriert (nicht forciert dagegen reiten). Dort muss es schließlich anhalten.

Halbe Paraden, vor allem zum Verlangsamen innerhalb einer Gangart, sind ohne Schenkeldruck schwerer zu bewerkstelligen, weil Ihre Gewichtseinwirkung und das Zügelsignal nicht so gut zu dosieren sind, wie eine spätere halbe Parade mit Schenkeldruck. Helfen Sie sich am Anfang mit den in der Bodenarbeit etablierten Stimmsignalen für »Langsamer« bzw. für die entsprechend gewünschte Gangart. Sobald das Pferd besser auf den Schenkel reagiert und die Wirkung des verwahrenden, kontrollierenden äußeren Zügels versteht (siehe auch: Schulterherein), können Sie es leichter von hinten nach vorne zusammenschieben und Tempo- bzw. Gangartenwechsel feiner abgestimmt reiten.

Zäumung

Bei der Wahl der Zäumung für das junge Pferd plädiere ich persönlich immer erstmal für gebisslos – also Bosal, Sidepull oder verwandte Zäumungen ohne Hebelwirkungen. Das funktioniert bei den meisten gut am Boden vorbereiteten Pferden. Gebisslos hat zwei Vorteile: Sie richten keinen Schaden an, wenn Sie mal grob werden (junge Pferde werden nunmal naturgemäß mit groberen Hilfen geritten als ältere). Und Sie stören das Pferd während des Zahnwechsels nicht im Maul. Es gibt jedoch auch gravierende Nachteile: Hat das Pferd »gelernt«, dass ihm nichts passiert, wenn es auf Ihre Signale mit dieser Zäumung nicht reagiert, haben Sie verloren und müssen eine andere

Zäumung wählen. Zudem tritt bei vielen Pferden mit der Zeit ein gewisser Abstumpfungseffekt gegen auf die Nase wirkende Zäumungen auf. Eine Umstellung auf Trense oder eine Doppelzäumung empfiehlt sich dann.

Es gibt aber auch immer wieder Pferde, die mit einer Trense im Maul von Anfang an glücklicher sind (und Reiter, die sich damit wohler und sicherer fühlen). Das Trensengebiss ist deswegen von Anfang an die zweite empfehlenswerte Ausbildungszäumung. Am besten verwenden Sie ein doppelt gebrochenes Gebiss; bei richtiger Handhabung ist jedoch auch ein einfach gebrochenes kein Folterinstrument. Die gefürchtete Nussknackerwirkung mit Spitze Richtung Gaumen entsteht ja nur, wenn Sie beide Zügel gleich fest annehmen und womöglich noch rückwärts wirken. Der richtigerweise seitwärts wirkende stellende Zügel allein verursacht keine Nussknackerwirkung und der richtig wirkende, äußere, verwahrende Zügel allein auch nicht.

Der direkte seitwärts wirkende stellende Zügel.

Wichtig bei allen Ausbildungszäumungen ist, dass Sie den stellenden Zügel direkt einsetzen können und die Wirkung von innerem und äußerem Zügel voneinander abkoppeln können (deswegen der einfache oder doppelte »Bruch« in der Mitte des Gebisses). Alle Arten von Stangengebissen mit Hebel sind dafür ungeeignet, denn damit können Sie das Pferd nicht lehren, sich zu biegen. Fertig ausgebildete bzw. weit fortgeschrittene Pferde lassen sich weitgehend mit Schenkel- und Gewichtshilfen – unterstützt vom kontrollierenden und versammelnden äußeren Zügel – biegen und sind deswegen mit diesen Stangengebissen zu reiten. Korrigiert werden müssen sie jedoch bei Bedarf auf Trense oder gegebenenfalls auf

»gebrochene Kandaren« mit Doppelzügel (Snaffle with Shanks).

Innerer und äußerer Zügel

Wie auch zwischen innerem und äußerem Schenkel muss dem Pferd der Unterschied zwischen innerem und äußerem Zügel in der Grundausbildung klargemacht werden.

Einsatz des indirekten äußeren Zügels beim ausgebildeten Westernpferd.

Nur dann kann es später am äußeren Zügel geritten werden bzw. einhändig mit dem an den Hals angelegten »Druckzügel« oder indirekten Zügel geritten werden.

Nochmal in Kürze: Der innere Zügel ist immer der Zügel auf der hohlen Seite des Pferdes. Er wirkt aktiv und direkt seitwärts und stellt Kopf und Hals des Pferdes in eine Wendung herein. Er wird mit fortschreitender Ausbildung immer unwesentlicher, da eine Stellung und Biegung beim gut gerittenen Pferd weitgehend über Schenkel und Gewicht erfolgen kann.

Der äußere Zügel ist der Zügel auf der gedehnten Seite des Pferdes. Er wirkt im Allgemeinen begrenzend und verwahrend (passiv). Er bleibt in dieser Funktion auch beim weit

Der kontrollierende äußere Zügel ersetzt den direkten inneren.

ausgebildeten Pferd (egal ob western oder klassisch) erhalten. In der Westernreitweise mag dieser äußere Zügel beim fertigen Pferd manchmal leicht durchhängen (der innere tut es dann auf jeden Fall), in der englischen und klassischen Reitweise hält er die berühmte Gummi-

band-Verbindung zum Maul. Mit dieser gummibandartigen Verbindung ist er in der Lage, das Pferd zu versammeln, denn er ist der Zügel, der den Schub aus der Hinterhand nach vorne begrenzt und das Pferd damit schließlich aufrichtet (der die Paraden nomalerweise gibt).

Ist das Pferd völlig gerade gestellt, gibt es natürlich weder Inneren noch äußeren Zügel. Das saubere Geradeausreiten (und damit auch das Geraderichten) ist jedoch nur möglich, wenn es Ihnen zuvor gelingt, das Pferd zu biegen und an den äußeren Zügel zu reiten. Nur durch die Längsbiegung erreichen Sie, dass das Pferd im Genick nachgibt. Biegt sich das Pferd auf beiden Seiten gleich gut, gibt auf beiden Seiten im Genick nach und stellt sich an den jeweils äußeren Zügel, dann können Sie auch geradeaus reiten, ohne dass es nach einer Seite wegdrängelt (Geraderichten).

Wichtige Teilziele der Ausbildung unter dem Reiter

Wichtige Stationen oder Teilziele während der Ausbildung sind bei weitem nicht die Erfolge in einzelnen Lektionen – ob das Koordinationsübungen oder gymnastische Übungen sind (auch wenn solche Erfolge den Spaß an der Arbeit erhalten).

Teilziele sind vielmehr die klassischen Stufen der Ausbildung, die für jeden Reitstil gelten müssen, auch wenn sie in einem anderen Stil vielleicht anders genannt werden. Balance – Takt – Schwung – Losgelassenheit – Durchlässigkeit – Geraderichten – Versammlung (im ersten Jahr wird allerdings nur die Grundlage für die Versammlung erarbeitet).

Die Ausbildungsstufen

Balance: Das Gleichgewicht des Pferdes unter dem Reiter muss neu entwickelt werden, sodass sich das Pferd mit dem zusätzlichen Gewicht des Reiters »arrangiert« und neu ausbalanciert.

Takt: Die reinen Taktfolgen Viertakt im Schritt (oder Tölt), Zweitakt im Trab (oder Pass) und Dreitakt im Galopp müssen erhalten bleiben. Taktfehler deuten auf Probleme mit der Balance und auf Rückenprobleme hin.

Schwung: Der Schwung, d.h. das kraftvolle, federnde Abfußen des Pferdes von hinten, wird sowohl für Trab- bzw. Galoppverstärkungen als auch für die klassische Versammlung gebraucht, bei der der Schwung nach oben gerichtet ist. Er lässt sich nur entwickeln, wenn das Pferd ausbalanciert ist und »über den Rücken« geht. Es gibt jedoch auch Reitstile wie das Westernreiten, die diese Art Schwung nicht haben wollen, weil das schwungvoll gehende Pferd nicht so leicht zu sitzen ist. Durch frühzeitige Reduzierung des Tempos in den einzelnen Gangarten und eine tiefe Einstellung von Hals und Kopf des Pferdes sollen »flache Gänge« erreicht werden. Beides ist möglich – sowohl die Ausbildung, d.h. Förderung des

Schwunges als auch seine Reduzierung. Wo jedoch das Pferd mit der Förderung in gespannte Tritte getrieben wird oder mit der Reduzierung konsequent auf die Vorhand geritten wird, hört der Spaß auf. Und die pferdeschonende Ausbildung desgleichen.

Losgelassenheit: Die Losgelassenheit ergibt sich aus der Balance und der Gymnastizierung des Pferdes. Nur ein losgelassenes Pferd mit frei schwingendem Rücken ohne Steifheiten und Blockierungen ist bequem für den Reiter und durchlässig.

Durchlässigkeit: Nur wenn das Pferd durchlässig ist, können Sie die Energie aus dem »Motor« des Pferdes, der Hinterhand, lenken und kontrollieren (»die Hilfen kommen durch« sagt man). Macht das Pferd an einer Stelle seines Körpers »dicht« und blockiert, dann »versickert« an dieser Stelle der Schwung aus der Hinterhand. Und wo nichts mehr ist, da können Sie auch nichts lenken. Ihre gymnastizierenden Hilfen können nur greifen, wenn Energie aus der Hinterhand des Pferdes da ist (also wenn die Hinterhand energisch untertritt) und diese auch vorne ankommt. Lässt das Pferd die Hinterhand schleifen, verspannt den Rücken, hält die Schulter fest oder wirken Sie zu hart und ziehend mit den Zügeln ein, fehlt ihnen diese blockierte Bewegungsenergie zum Lenken. Auch ein Auto können Sie im stehenden Zustand schlecht lenken. Deswegen ist es so wichtig, den »Vorwärts-willen« des Pferdes zu entwickeln und zu erhalten.

Geraderichten: Ist sehr viel schwerer, als es sich anhört. Geraderichten können Sie ihr Pferd paradoxerweise nur, wenn Sie es biegen können, also wenn es durchlässig, gymnastiziert und koordiniert ist und kombinierte Hilfen verstehen und befolgen kann. Nur dann können Sie nämlich die steifere Seite trainieren. Geraderichten bedeutet eigentlich nur, dass Sie die Tragkraft in beiden Hinterbeinen gleichmäßig entwickeln. Das Pferd soll geradeaus gehen (und sich nicht mit dem steiferen Bein seitlich von der Geraden wegschieben), wenn Sie völlig gerade auf ihm sitzen, beide Gesäßknochen gleichmäßig belasten und die Zügel gleichlang haben. Die

Seitengänge sind ideales Trainingsinstrument für das Geraderichten. *Versammlung:* Ergibt sich nun aus allen anderen Parametern. Versammlung kann immer nur »von hinten nach vorne« mit aktiver untertretender Hinterhand erfolgen. Die nach vorne gerichtete Bewegungsenergie aus dem Hinterhand-Motor wird durch begrenzende Zügelhilfen nach oben gelenkt und nur damit wird die Aufrichtung erreicht. Das »Langsam-Machen« des Pferdes mit tiefer Halshaltung (mit Wirkung von vorne nach hinten), wie es z.B. im Pleasure-Training des Westernpferdes erfolgt, hat nichts – aber auch gar nichts – mit Versammlung zu tun, auch wenn manche es fälschlich so nennen.

Im ersten Ausbildungsjahr versammeln wir unser junges Pferd noch nicht richtig. Es soll in diesem Jahr erstmal alle Kontrollmechanismen verinnerlichen und vorwärtsgehen. Alle Teilziele bauen aufeinander auf und greifen ineinander. Takt und Schwung sind nur möglich, wenn das Pferd unter dem Reiter ausba-

Die Hinterhand zum Untertreten bringen und die Oberlinie entspannen.

lanciert ist. Losgelassenheit und damit Durchlässigkeit (der Hilfen von hinten nach vorne) resultieren aus Takt und Balance. Nur ein durchlässiges und lockeres Pferd ist für den Reiter bequem, kann geradegerichtet und schließlich versammelt werden. Und letztendlich resultiert auch der Gehorsam des Pferdes unter dem Reiter in schweren Lektionen aus Balance, Losgelassenheit und Durchlässigkeit.

Das Tempo der Ausbildung

Das Erreichen der einzelnen Ausbildungsstufen gibt im Prinzip auch das Tempo der Ausbildung vor. Jedes Pferd hat einen anderern Ausbildungsrhythmus und erreicht das eine oder andere Teilziel früher oder später. Eine Richtschnur im

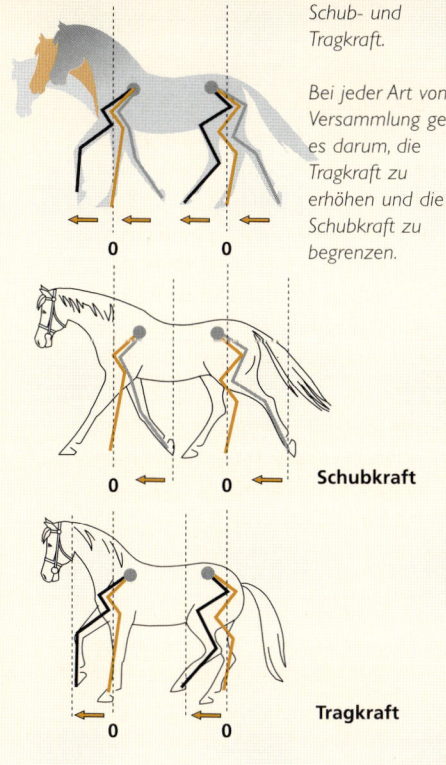

Schub- und Tragkraft.

Bei jeder Art von Versammlung geht es darum, die Tragkraft zu erhöhen und die Schubkraft zu begrenzen.

0 **0**

0 ← **0** ← **Schubkraft**

0 **0** **Tragkraft**

Ausbildungstempo können die folgenden Punkte geben:

1. Immer der Reihe nach

Überlegen Sie bei jeder neuen Übung, ob Sie auch an alle Grundlagen gedacht haben, die das Pferd dafür kennen und können muss. Versuchen Sie nie, auf wackligen Grundlagen aufzubauen. Hat das Pferd eine bestimmte Lektion zwar begriffen, reagiert aber noch unsicher und nicht jeden Tag gleich gut auf Ihre Hilfen für diese Lektion, dann ist diese als Grundlage für aufbauende Lektionen ungeeignet.

2. Bequemlichkeit

Ist Ihr Pferd noch unbequem zu sitzen, dann ist es noch nicht losgelassen und Sie müssen hauptsächlich an seiner Längsbiegung arbeiten und seine Hinterhand aktivieren, bevor Sie versuchen in höhere Gangarten zu wechseln.

3. Gleichmäßiges Tempo

Rennt Ihr Pferd Ihnen »unter dem Hintern weg« oder kriegen Sie es nicht vorwärts, so gilt das Gleiche wie bei Punkt zwei: Das Pferd ist nicht losgelassen. Im ersten Fall produziert die Hinterhand außerdem zuviel Schub – die Tragkraft fehlt. Arbeiten Sie in der Gangart, in der das Problem auftritt, viel in der Biegung (siehe auch: Schulterherein) und mit vielen Paraden (z.B. Trab-Schritt-Trab-Schritt). Kriegen Sie das nicht hin, dann »schalten Sie einen Gang herunter« und arbeiten in der nächst niedrigeren Gangart (die vermutlich der Schritt sein wird). Gehen Sie besonders mit einem Pferd, was nicht vorwärts

9

will, viel ins Gelände. Draußen sehen die meisten faulen Pferde eher einen Sinn darin, zu laufen. Reiten Sie draußen jedoch immer nur die Gangart, die Sie sicher kontrollieren können.

Erst, wenn Sie das Tempo in einer Gangart kontrollieren und gleichmäßig halten können, können sie zur nächst höheren übergehen. Deswegen kann es bei manchen Pfer-den sein, dass der Galopp recht spät an die Reihe kommt.

4. Hören Sie auf Ihr Pferd

Achten Sie auf Angebote des Pferdes. Die Pferde zeigen Ihnen, an was sie Spaß haben, was sie noch nicht können und wann sie bereit für einen weiteren Schritt sind. Galoppiert Ihr Pferd Ihnen unaufgefordert an, obwohl Sie in Ihrem Ausbildungsplan noch keine Galopparbeit vorgesehen haben, dann lassen Sie es ruhig ein paar Sprünge weiter galoppieren, wenn es nicht losstürmt und im richtigen Galopp anspringt (Benutzen Sie am besten nachträglich noch die Stimmhilfe für Galopp). Erst danach führen Sie es langsam zum Trab zurück. Bockt es jedoch beim Angaloppieren und versucht loszurennen, stoppen Sie es sofort wieder. Auf diese Weise wollen Sie schließlich auch später nicht angaloppieren.

5. Wieviel Gewicht in den Sattel

Beim Thema leichter Sitz, Leichttraben oder Aussitzen scheiden sich die Geister. Die einen plädieren auf »ewiges« Leichttraben, die anderen sitzen Ihre Pferde aus Prinzip möglichst bald aus. Beides ist möglich und rechtens – es kommt einfach darauf an, wie Ihr Pferd darauf reagiert. Manche Pferde können Sie sehr früh schon aussitzen, andere brauchen lange, bis sie die volle Belastung im Rücken vertragen. Beginnen Sie im Leichttraben und probieren Sie ab und zu sitzenzubleiben. Wirft das Pferd Sie sehr stark im Sattel, dann traben Sie wieder leicht. Damit schonen Sie den Rücken Ihres Pferdes und Ihren eigenen. Zudem verhindern Sie, dass Ihre Zügeleinwirkung unruhig und unkoordiniert wird, weil Sie schlecht sitzen können. Die Rückenbewegung des Pferdes wird für Sie mit der Zeit umso bequemer, je mehr das Pferd sich entspannt, von hinten untertritt und die Nase fallen lässt. Auch im Leichttraben können Sie alle

Biegeübungen (inklusive Schulterherein und Travers) mit dem Pferd machen sowie auch die Paraden zum Schritt und Halten üben. Das Anhalten aus dem Leichttraben ist zwar »gewöhnungsbedürftig«, denn Sie müssen mit einer fließenden Bewegung sitzenbleiben und sich gleichzeitig schwermachen im Sattel (d.h. das Becken abkippen), ohne dem Pferd dabei in den Rücken zu plumpsen (d.h. praktisch seine Bewegung zu blockieren, ohne es dazu kommen zu lassen, dass es sich verspannt oder den Hals hochreißt). Es hat jedoch entscheidende Vorteile, denn Sie bekommen mit dieser Parade zum Halten die Hinterhand schnell unters Pferd – auch bei Pferden, die sich eben noch nicht gut sitzen

lassen. Ihre Stimmhilfen tun ein Übriges, um das Pferd zu einem prompten Anhalten auch aus dem Leichttraben zu veranlassen.

Koordinationsübungen und Trail-Arbeit zur Sensibilisierung

Seitwärtskoordination im Schritt mit Vorhandwendung

Diese Übung lehrt das Pferd, dem Schenkel zu weichen und den äußeren Zügel als Kontrollzügel zu akzeptieren. Sie ist als Vorübung für das Seitwärtstreten über Stangenhindernisse geeignet. (Die gymnastizierende Wirkung dieses »Schenkelweichens« ist gering. Es dient allein der Koordinationsverbesserung und der Verbesserung der Reaktion auf die Hilfen und damit

der Vorbereitung für die Entkoppelung von Bewegungs- und Blickrichtung des Pferdes, die später gebraucht werden.)

Angenommen Sie befinden sich auf der linken Hand im Schritt. Stellen Sie nun Ihr Pferd mit dem seitwärts wirkenden rechten Zügel in Richtung Bande. Setzen Sie dann den rechten Schenkel seitwärts treibend hinter dem Gurt ein und treiben Sie damit die Hinterhand nach links weg. Reiten Sie nun mit dem schräg zur Bande gestellten Pferd weiter. Sie lassen das Pferd »dem rechten Schenkel weichen«. Der innere Zügel (der rechte an der Außenseite der Bande, denn das Pferd ist rechts gestellt) erhält die Stellung des Pferdes nach rechts. Der äußere (linke) Zügel kontrolliert nun sowohl die

Abstellung des Pferdes von der Bande als auch das Tempo der Vorwärtsbewegung. Je mehr Sie ihn annehmen, desto mehr verlangsamt das Pferd und desto stärker wird seine Abstellung mit der Hinterhand von der Bande, wenn Sie mit den rechten Schenkel gleichstark weitertreiben. Irgendwann ist der Punkt erreicht, an dem das Pferd sich nur noch mit der Hinterhand bewegt und schließlich eine Vorhandwendung ausführt. Sie haben in diesem Moment mit dem äußeren Zügel die Vorwärtsbewegung komplett gestoppt, sodass sich nur noch die Hinterhand als Reaktion auf den seitwärts treibenden Schenkel bewegt. Am Ende stehen Sie mit Ihrem Pferd entgegengesetzt zur ursprünglichen Bewegungsrichtung

auf der rechten Hand. Nach einer Entspannungsrunde am langen Zügel im Schritt können Sie das Ganze nun seitenverkehrt in Angriff nehmen.

Der äußere Zügel wird bei der Aktion natürlich nicht einfach nur immer stärker angenommen sondern arbeitet in der Intervalltechnik (Annehmen-Nachgeben = halbe Paraden). Reagiert das Pferd durch Verlangsamen der Vorwärtsbewegung, dann geben Sie etwas nach (und zeigen dem Pferd mit dem Nachgeben, dass seine Reaktion richtig war). Verstärken Sie die Einwirkung des äußeren Zügels wieder, wenn Sie mehr Abstellung und weniger Vorwärtsbewegung wollen. Wollen Sie mehr Vorwärtsbewegung und weniger Abstellung, dann

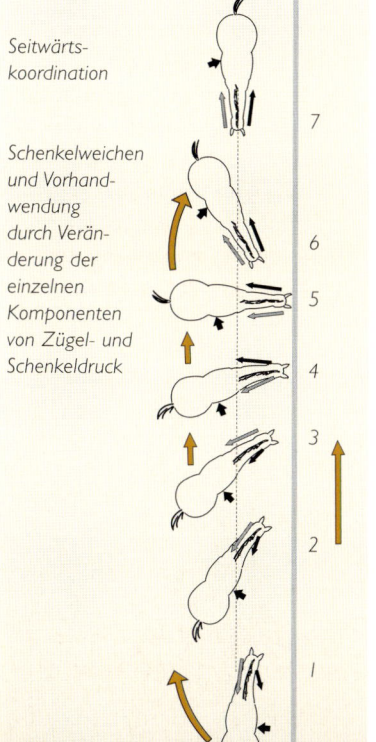

Seitwärts-koordination

Schenkelweichen und Vorhandwendung durch Veränderung der einzelnen Komponenten von Zügel- und Schenkeldruck

stellen Sie das Pferd mit dem direkten, seitwärts wirkenden Zügel nicht so stark nach außen und treiben mit dem seitwärts treibenden Schenkel weniger stark (und evtl. nicht ganz so weit hinten).

Diese Übung hilft Ihnen, die nötige Intensität der Zügel- und Schenkelhilfen festzustellen und an der Reaktion des Pferdes zu beobachten, wie beide sich gegenseitig ergänzen. Und sie hilft Ihrem Pferd, sich auf eine erste Hilfenkombination einzustellen. Die Hilfenkombination heißt: Seitwärts treibender Schenkel, stellender innerer Zügel und verwahrender äußerer Zügel. Die verschiedenen Abstufungen der Intensität in den einzelnen Teilen der Hilfenkombination resultieren entweder in einer Vorhandwendung

oder in einem Schenkelweichen mit unterschiedlich starker Abstellung von der Bande. Nach dieser Übung sind Sie und Ihr Pferd reif für aufbauende Koordinationsübungen.

Feinabstimmung:
Seitwärts über eine Stange

Etwas schwerer ist das Seitwärtstreten über eine Stange. Da es sich um eine reine Seitwärtsbewegung mit 90 Grad Abstellung handelt, ist die Feinsteuerung jetzt schwerer, denn der äußere Zügel muss – notfalls kurz unterstützt vom inneren Zügel – jede Vorwärtsbewegung unterbinden. Er darf aber auch nicht rückwärts wirken. Der innere seitwärts treibende Schenkel muss nun nicht nur die Hinterhand, sondern Hinterhand und Vorhand seit-

Seitwärtskoordination über eine Stange.

wärts bewegen. Dazu müssen Sie mit dem Schenkel ein Position finden, die irgendwo zwischen der vorwärts treibenden und der nur die Hinterhand seitwärts treibenden liegt. Dass das Pferd das Bewegungsmuster dieser Übung aus der Bodenarbeit kennt, vereinfacht jedoch die Übung.

9

Sie können eine Vorübung machen, bei der das Pferd die Stange noch nicht zwischen Vorder- und Hinterbeinen hat sondern noch vor den Vorderbeinen. Die Stange wirkt dabei als optische Begrenzung (ein hochgestelltes Cavaletto ist noch besser). Lassen Sie das Pferd in einem 90-Grad-Winkel vor der Stange stehen und loben es, wenn es ruhig stehenbleibt.

Treiben Sie es dann mit dem inneren Schenkel seitwärts und begrenzen es mit dem äußeren Zügel, sodass es nicht vorwärts über die Stange tritt. Der innere Zügel kann hin und wieder angenommen werden und dem äußeren helfen, die Vorwärtsbewegung zu verhindern. Er ist in dieser 90-Grad-Seitwärtsbewegung als stellender Zügel nicht

wichtig, denn das Pferd bleibt idealerweise in seiner Längsachse weitgehend gerade bei der reinen Seitwärtsbewegung. Der äußere Schenkel liegt in »Hab-Acht-Stellung« und verhindert bei Bedarf, dass sich die Hinterhand des Pferdes stärker seitwärts bewegt als die Vorhand, das Pferd also in eine Vorhandwendung gerät. Die meisten Pferde wollen sich der Seitwärtsbewegung nach vorne entziehen. Ein dosierter und schneller Einsatz beider Zügel ist deswegen vonnöten. Setzen Sie jedoch nicht beide Zügel gleich stark und gleichzeitig »ziehend« ein, sondern immer einen eher seitwärts wirkend und den anderen kontrollierend/verwahrend.

Gelingt Ihnen eine reine Seitwärtsbewegung in die eine Richtung,

dann loben sie das Pferd und lassen es eine Weile ruhig stehen, um die soeben ausgeführte Übung zu »verdauen«. Nach einer Entspannungsrunde im Schritt oder Trab reiten Sie erneut an und versuchen die andere Richtung – und Sie werden sich wundern, wie schwer sich manche Pferde mit der Umkehrung der Hilfen in die andere Richtung tun. Viele Pferde neigen dazu, bei ähnlichen Übungen etwas anzubieten, was sie schon können und nicht so genau auf die Hilfen des Reiters zu achten. Auch für solche Fälle sind die Koordinationsübungen gut, denn Sie haben dabei genug Zeit, um dem Pferd in aller Ruhe und Freundschaft klarzumachen, dass es noch eine zweite Richtung gibt und dass es auf die Signale des Reiters achten soll, statt eigene Ideen zu entwickeln.

Klappt die Übung vor der Stange in beide Richtungen und können Sie auch in der Mitte die Richtung wechseln (wie schon in der Bodenarbeit probiert), dann können Sie das Pferd mit den Vorderbeinen über die Stange treten lassen und das Gleiche mit

der Stange zwischen Vorder- und Hinterbeinen probieren.

Die Seitwärtsbewegung über eine einzelne Stange ist zusammen mit dem gelenkten Rückwärtsrichten (siehe Abschnitt: Rückwärts), Vor- und Hinterhandwendungen das Einmaleins der Koordinationsübungen. Beides lässt sich nahezu unbegrenzt in verschiedenen Varianten kombinieren und hält das Pferd aufmerksam und sensibel auf die Signale des Reiters, weil es nie weiß, was als nächstes kommt.

Ein kleiner Trick: Antrainierte Reflexe

Bringen Sie Ihrem Pferd in diesen Koordinations-Übungen bei, immer dann stehenzubleiben, wenn Sie sich im Sattel entspannen, die Hand sin-

Das Pferd bewegt sich mit angenommenem Zügel und bleibt mit losem Zügel stehen.

Das Pferd soll den Kopf senken und hinschauen.

ken und die Zügel lang lassen und sich nur dann in Bewegung zu setzen, wenn Sie die Zügel annehmen, die Hand evtl. leicht anheben und zusätzlich ein Signal mit dem Schenkel geben. Durch anfängliche Verwendung von verbalen Hilfen können Sie dieses Hilfensystem schnell etablieren.

Und fordern Sie immer, dass das Pferd den Kopf senkt und hinschaut, bevor es einen Schritt über oder durch ein Hindernis macht. (Das hilft bei allen Arten von Cavalettiübungen und bei allen Hindernissen, die zu überreiten sind.) Sie erreichen das, indem Sie so lange einseitig oder auch wechselseitig (störend, jedoch nicht in Form eines rhythmischen Riegelns oder Sägens) am Zügel zupfen, bis das Pferd erst im Genick nachgibt und schließlich den Kopf etwas senkt. Mit dieser ersten erwünschten Reaktion stellen Sie das Zupfen sofort ein und loben das Pferd. Wollen sie, dass es den Kopf noch weiter senkt, dann beginnen Sie nach einer angemessenen Ruhepause wieder mit dem leichten Zupfen, bis es den Kopf noch weiter senkt. Loben Sie es wieder und lassen es in Ruhe. Das wiederholen Sie so lange, bis es die Nase tief genug hat. Sie können am Anfang auch nachhelfen, indem Sie dem Pferd mit der Hand aufs oder hinters Genick drücken und das Zügelsignal damit unterstützen. Mit diesen beiden »antrainierten Reflexen« schlagen Sie zwei Fliegen mit einer Klappe.

1. Das Pferd entspannt sich durch Tiefnehmen des Kopfes, wenn Sie es auf ein Hindernis zu bewegen und das Zügelsignal zum Senken des Kopfes geben. Es verfällt nicht in eine Alarmhaltung.

2. Das Pferd lässt sich anhalten, indem Sie überhaupt nichts machen, d.h. kein Kommando geben und setzt sich nur in Bewegung, wenn Sie mehrere Signale gleichzeitig geben. (Genauso können in manchen Hilfensystemen auch ganze Paraden zum Halten aussehen – entspannen Sie sich, machen sich schwer im Sattel, denken an »Anhalten«, senken die Hand und geben ein verbales Kommando, der treibende Schenkel und der annehmende Zügel können dabei in der Vollendung entfallen.) Mit dieser Methode bekommen Sie ein hektisches Herumzappeln des Pferdes innerhalb eines komplizierteren Hindernisses in den Griff. Stellen Sie nur alle eigenen Aktivitäten ein (geben Sie anfangs das verbale Kommado für »Halt« dazu) – und das Pferd wird auch alle Aktivitäten einstellen und sich beruhigen. Versuchen Sie stattdessen, ein aufgeregtes Pferd mit dem ange-

nommenen Zügel zum Stehenbleiben zu zwingen (oder auf irgendeine Art mit den Schenkeln gegenzusteuern), wird es normalerweise nur noch mehr herumzappeln.

Kombinierte Hilfen: Rückwärtssignale

Schon recht früh (schon im ersten Monat unter dem Sattel) können Sie auch mit dem Rückwärtsrichten unter dem Reiter beginnen. Sie brauchen es für viele Koordinationsübungen und es hilft Ihnen dabei, die Hinterhand des Pferdes unter sich zu bringen. Wenn das Pferd aus der Bodenarbeit das Kommando »Zurück« oder »back« kennt und genug Vertrauen zu Ihnen hat, sollte es kein großes Problem darstellen ihm die ersten Rückwärts-Tritte zu entlocken. Es gibt mehrere Arten der Hilfengebung für Rückwärtsübungen. Sie müssen sich nicht für die entscheiden, die ich nachfolgend favorisiere. Doch wenn Sie Ihrem Pferd einmal eine bestimmte Hilfenkombination für »Rückwärts« beigebracht haben, bleiben Sie dabei (auch dann, wenn Sie »Rückwärts« mit anderen Richtungen kombinieren).

Meine bevorzugte Hilfengebung für das Rückwärtsrichten beinhaltet Elemente aus klassischer und westernspezifischer Ausbildung. Sie passt sowohl in die reine Gleichgewichtslehre mit Signalcharakter als auch in das klassische System des Rückwärtsrichtens, bei dem prinzipiell gilt Rückwärts = Vorwärts mit stark begrenzendem Zügel.

Sie sitzen also auf Ihrem stehenden Pferd und wollen es zu ersten Mal rückwärtsrichten. Veranlassen Sie ihr Pferd zuerst, im Genick nachzugeben. Mit dem »Nase-Herunterzupfen-Mechanismus«, wie im Abschnitt »ein kleiner Trick« beschrieben, können Sie das erreichen. Halten Sie dabei die Hände tief und bauen auf keinen Fall konstanten Druck auf. Das Pferd soll das Herunterzupfen nicht mit den Hilfen für Rückwärts verwechseln können. Heben Sie danach beide Zügelhände gleich hoch an und nehmen beide Zügel zudem ein wenig an, so dass Sie eine etwas festere Anlehnung zum Maul bzw. zur Nase des Pferdes bekommen. Verlagern Sie Ihr Gewicht etwas nach hinten und machen sich schwer im Sattel. Legen Sie beide Unterschenkel etwas hinter den Gurt und üben Sie beidseitigen ganz leichten Druck damit aus. (Der Schenkeldruck besagt dabei »Beweg' deine Hufe« unter deinen Schwerpunkt.) Geben Sie dabei das verbale Kommando für »Rückwärts«. Bauen Sie nun mit der hohen Hand beidseitig langsam ein wenig Druck auf. Reagiert das Pferd nicht, dann geben Sie kurz

Rückwärtssignale: Unterschenkel und Gewicht nach hinten, Hand anheben.

nach und bauen wieder langsam Druck auf. Bei Schwierigkeiten (wenn das Pferd mit Gegendruck »antwortet« oder den Hals hochreißt bzw. nicht im Genick nachgeben will) können Sie es erstmal mit einseitigem Annehmen versuchen (bzw. die Nase wieder herunterzupfen). Macht das Pferd den ersten Schritt rückwärts – und sei er noch so schief – stellen Sie alle Hilfen ein, loben es und lassen es eine Weile ruhig stehen, bevor Sie einen weiteren Schritt rückwärts versuchen. Bleiben Sie mit dem Gewicht hinten, so lange Sie rückwärts wollen; Sie können sogar leicht das Becken abkippen, wie Sie es für ein Anhalten tun würden. Da das Pferd seinen Schwerpunkt beim Rückwärtsrichten auch nach hinten verlegen

soll, ist das Zurücknehmen des Gewichts meiner Ansicht nach die logischste Gewichtshilfe bei der Hilfenkombination für »Rückwärts«. (Das bedeutet nicht, dass es die einzige ist. Sie können Ihr Pferd auch darauf konditionieren zurückzugehen, wenn Sie seinen Rücken entlasten und Ihr eigenes Gewicht leicht aus dem Sattel nehmen. Bei Pferden mit Rückenschwierigkeiten

Hand senken zum Anhalten.

Rückwärts

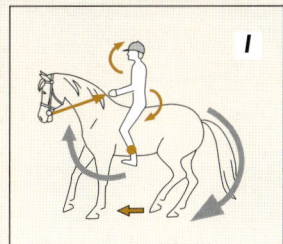 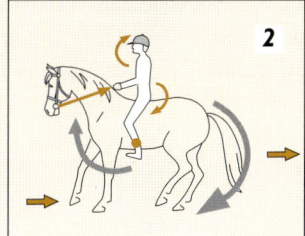 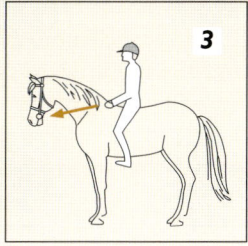

kann das sinnvoll sein, weil Sie es damit dem Pferd erleichtern, seinen Rücken nach oben zu wölben.)

Die Position der Unterschenkel zwischen den Positionen für seitwärts und vorwärts treibend verdeutlicht dem Pferd von Anfang an, dass weder vorwärts noch seitwärts gemeint ist. Sie können jedoch auch die Schenkel vorwärts treibend in der Lage am Gurt einsetzen. Dann müssen Sie jedoch vorne etwas mehr am Zügel gegenhalten. Damit wären

Sie bei der klassischen Hilfengebung, bei der Sie die Hinterhand des Pferdes durch Vortreiben zum Untersetzen auffordern, vorne jedoch so viel ge-genhalten, dass das Pferd nach vorne nicht antritt, sondern sich am Zügel »abstößt«. Statt einen Schritt nach vorne zu machen, tritt es mit der Hinterhand erst »unter sich« und dann einen Tritt rückwärts.

Da ich die Minimierung aller Hilfen durch gute Unterscheidungsmöglichkeiten für das Pferd zwischen

verschiedenen Hilfenkombinationen propagiere, bevorzuge ich eine mittlere Schenkelposition. Um bald von dem vorerst nötigen Druckaufbau im Maul bzw. auf der Nase des Pferdes wegzukommen, bevorzuge ich das Signal der hohen Hand aus der Westernausbildung für alles, was »Rückwärts« bedeutet. Mit der Zeit brauchen Sie nämlich nur noch die Hand heben (ohne Druck im Maul) und Ihr Gewicht zurücknehmen und das Pferd geht rückwärts. Sie können dabei Stimmhilfen, Schenkeldruck und Zügelanlehnung recht schnell auf Null herunterschrauben. Damit haben Sie einen ersten Schritt Richtung Feinabstimmung und zwei große Schritte hinsichtlich der Hilfenminimierung getan. Und zudem haben Sie nun zwei Steuermechanismen (die Zügel und die Schenkel) wieder frei, um sie für das »gelenkte Rückwärtsrichten« in Trailübungen und zur Gymnastizierung einzusetzen.

Das bedeutet natürlich, dass Sie mit dem gelenkten Rückwärtsrichten erst beginnen können, wenn das Pferd auf minimale Signale geradeaus rückwärts geht.

Die Sache mit der hohen Hand als Rückwärtssignal hat noch einen weiteren entscheidenden Vorteil für Trailübungen: Bringen Sie Ihrem Pferd bei, auf das Senken der Hand sofort die Rückwärtsbewegung einzustellen und stehen zu bleiben. Damit verhindern Sie beim ausgebildeten Pferd, dass es rückwärts durch Hindernisse rennt. (Auf die gleiche Weise funktioniert auch das Signal zum Anhalten im Abschnitt »ein kleiner Trick«.)

Die meisten Pferde werden Sie zu Anfang nur langsam und zögernd zu mehreren Rückwärtsschritten bewegen können. Besonders Pferde, die schon in der Bodenarbeit nur zäh und ungern rückwärts gingen, werden das auch unter dem Sattel nicht so gerne tun. Erinnern wir uns: Rückwärts ausweichen gehört zu den Unterlegenheitsgebärden und setzt zudem viel Vertrauen in den Reiter voraus. Überstürzen Sie also nichts. Ein bis zwei Tritte am Stück genügen am Anfang. Das Pferd soll nur »guten Willen zeigen« und Ihnen zu verstehen geben, dass es Ihr kombiniertes Signal begriffen hat. Das ist schon ein dickes Lob wert. Wiederholen Sie die Übung ein paarmal (sinnvollerweise mit ein oder zwei Schritt- oder Trabrunden dazwischen, damit Sie nicht nur auf der Stelle herumknäulen) und beenden dann die Arbeit für diesen Tag. Das ist die beste Belohung fürs Pferd: Sofort aufhören, wenn eine neue Lektion das erste Mal zufriedenstellend geklappt hat. Nach ein paar Tagen sollte das Pferd schon schnell und leicht auf ein Signal zum Rückwärtsgehen reagieren (und sei es auch nur mit einem einzigen Schrittchen). Fordern Sie noch nicht unbegrenzt viele Tritte. Und geben Sie vor allem nach jeden Rückwärtstritt kurz am Zügel nach, bevor Sie mit einem Annehmen einen weiteren Tritt fordern. (Lassen Sie jedoch die Hand so lange oben, wie Sie weiter rückwärts wollen – später sollte die erhobene Hand das Pferd so lange rückwärts gehen lassen, bis Sie sie senken). Flüssiges Rückwärtsgehen mit mehr als vier bis fünf Tritten dauert bei vielen Pferden lang und lässt sich auf keinen Fall durch Rückwärtsziehen oder harte Einwirkung erreichen, denn damit kommen Sie nie zu einer Minimierung der Hilfen und bringen charakterstarke Pferde nur gegen sich auf.

Erstaunlicherweise lässt sich gerade bei Pferden, die nur zäh und ungern rückwärts gehen, in rückwärts zu reitenden Trailhindernissen schnell eine Besserung des Rückwärtsrichtens erreichen. Einfache Hindernisse mit einer integrierten Rückwärtsbewegung sollten Sie deswegen in Angriff nehmen, sobald das Pferd sich halbwegs gerade rückwärts bugsieren lässt.

Stangengassen

Die einfachste Übung in dieser Form ist das Durchreiten einer Gasse aus Stangen oder hochstehenden Cavaletti zuerst vorwärts und dann rückwärts. Schwerer ist, das Pferd rückwärts in eine solche Gasse einzufädeln, dazu brauchen Sie nämlich schon die Steuerungsmöglichkeiten mit Schenkeln und Zügeln (siehe Winkelhindernisse).

Winkelhindernisse und Rückwärtssteuerung

Schwerer wird die Koordination bei Winkelhindernissen, bei denen die Hinterhand rückwärts gesteuert werden muss. Auch hier zeigen Sie dem Pferd das Hindernis am besten erstmal vorwärts, damit Sie es nicht einfädeln müssen.

Das gelenkte Rückwärtsrichten in Trailhindernissen ist nicht so schwer, wie es aussieht, wenn die Grundlagen sitzen, d. h. wenn das Pferd gelernt hat, innerhalb eines logischen Systems die einzelnen Zügel-, Schenkel-, Gewichts- und Stimmhilfen zu befolgen. Üben Sie zuerst ein einfaches »Rückwärts um Ecke«. Die Hinterhand des Pferdes soll z.B. nach rechts ausweichen. Beginnen Sie mit ein paar langsamen Tritten »Rückwärts geradeaus« und stellen für die Wendung das Pferd deutlich nach links mit weit seitlich herausgeführtem linken Zügel. Treiben Sie gleichzeitig mit dem linken Schenkel hinter dem Gurt seitwärts. Die

Hinterhand des Pferdes wird nach rechts ausweichen. Mit dieser Hilfenkombination haben Sie gleichzeitig ein Kontrollinstrument, um das Pferd zu korrigieren, wenn es unaufgefordert seitlich ausweicht, obwohl Sie gerades Rückwärtsrichten gefordert haben. Es weicht dann seitlich aus, wenn ein Hinterbein steifer ist. Und zwar weicht es in Richtung des steiferen Hinterbeines aus. Das steifere Hinterbein will weniger tragen und das Pferd setzt es deswegen nicht unter sich, wie beim korrekten Rückwärtsrichten, sondern leicht seitlich heraus, sodass es weniger Gewicht aufnehmen muss. So beschreibt es einen leichten Bogen in diese Richtung. Stellen Sie das Pferd in die Richtung, in die es hinten ausweicht, dann kommt die Hinterhand schon fast automatisch auf die andere Seite. Der seitwärts treibende Schenkel auf der steiferen Seite tut ein Übriges. Das Pferd ist beim gelenkten Rückwärtsrichten wie in der

Einfädeln in einen Winkel. *Seitwärts über einen Winkel mit Vorhandwendung.* *Rückwärts um die Ecke.*

Bodenarbeit auch in den Koordinationsübungen unter dem Reiter in der Längsachse gerade und nicht gebogen. Das gebogene Rückwärtsrichten ist dagegen eine stark gymnastizierende Übung, die jedoch erst viel später im Ausbildungsplan sinnvoll ist.

In Winkelhindernissen können Sie Rückwärtsbewegungen auch mit Seitwärtsbewegungen sowie Vor- und Hinterhandwendungen verbinden. Achten Sie jedoch immer darauf, dass das Pferd alle Hilfenkombinationen, die Sie in solchen Winkeln brauchen könnten, schon einzeln gelernt hat. Wenn es noch keine Hinterhandwendung (siehe dort) kann, dann konfrontieren Sie es nicht mit einer solchen im Hindernis.

Koordinierte Stangenarbeit unter dem Reiter

Cavaletti, kleine Sprünge, Labyrinthe

Übungen über Stangen, die das Pferd aus der Bodenarbeit kennt, lockern die Arbeit auf und helfen, das Pferd aufmerksam zu halten und Verspannungen zu vermeiden bzw. zu bessern. Auch wenn alle Übungen in der Bodenarbeit schon gemacht wurden beginnen Sie im Schritt mit einer oder zwei Stangen. Steigern Sie die Gangart und die Stangenanzahl (insgesamt nicht mehr als 4–5) immer erst dann, wenn das Pferd die ersten Übungen ohne Taktfehler, ohne zu stocken oder anzustoßen, bewältigen kann. (Abstände der Stangen: siehe Bodenarbeit.)

Ein kleiner Sprung am Ende einer Trab-Cavalettireihe kann aufgebaut werden, wenn das Pferd im Trab sauber und ruhig über die Cavaletti geht. Solche Sprünge (nicht höher als 60–70 cm) am Ende einer Cavalettireihe können bei Pferden helfen, die schlecht angaloppieren wollen. Zudem trainieren sie die Hinterhand des Pferdes auf einfache Weise.

Labyrinthe werden nur im Schritt geritten. Stangengitter, abwechselnd hoch und tief gelegte Stangenreihen sowie schräg liegende Stangenfächer um einen Mittelpunkt herum fördern die Aufmerksamkeit des Pferdes. Es lernt, seine Füße zu heben und kontrolliert und langsam wieder aufzusetzen. Winkelige Stangengassen helfen dem Pferd, Ihre

Hilfengebung für Wendungen besser zu verstehen, denn es begreift besser, warum es abwenden soll, wenn es einen »Weg« sieht.

Biegung und Gymnastizierung

Schulterherein als Grundlage für die Gymnastizierung

Viele Ausbildungsmethoden verbannen die Seitengänge in den fortgeschrittenen Teil der Ausbildung. Meiner Ansicht nach gehört mindestens das Schulterherein zu den Grundlagen-Lektionen, auf die fast alles andere aufbaut. Wann beginnen Sie also mit dem Schulterherein beim jungen Pferd? Kurz gesagt: Im Schritt so früh wie möglich – denn nur damit können Sie sein Tempo kontrollieren, es effektiv

gymnastizieren und auf diese Weise schließlich geraderichten.

Voraussetzungen:

1. Sie haben die ersten Koordinationsübungen hinter sich und alle Hilfen etabliert und gefestigt, die Sie für die verschiedenen Hilfenkombinationen brauchen.
2. Das Pferd läuft in Schritt und Trab unter Ihr Gewicht, d.h. es folgt Ihrem seitlich verlagerten Gewicht und der seitlichen Zügeleinwirkung seitwärts in eine Wendung (Zirkel und größere Volten sind möglich).
3. Es weicht auf einseitigen Schenkeldruck seitlich aus und reagiert auf beidseitigen Schenkeldruck mit Vorwärtsgehen.

Schulterherein ist nicht zu verwechseln mit dem Schenkelweichen. Das Schenkelweichen dient hauptsächlich der Sensibilisierung auf den Reiterschenkel. Es hat vor allem koordinatorischen und wenig gymnastischen Wert. Das Schulterherein dagegen bringt Ihr Pferd vermehrt an den äußeren Zügel, entwickelt die Tragkraft des inneren Hinterbeines und dehnt die äußere Seite des Pferdes. Hat das Pferd das Schulterherein begriffen und führt es flüssig und ohne Widerstand aus, haben Sie ein exzellentes Kontroll- und Gymnastizierungsinstrument. Schulterherein ist die Grundlage für jede Art von Versammlung, für alle Stellungs-, Biegungs- und Richtungs-Korrekturen des Pferdes und es erleichtert das richtige und kontrollierte Angaloppieren des Pferdes.

Beginnen Sie an der langen Seite – im Schritt, wie immer. Stellen Sie Ihr Pferd mit dem seitwärts wirkenden inneren Zügel nach innen, als ob Sie auf den Zirkel abwenden wollten. Sobald das Pferd Anstalten macht, tatsächlich abzuwenden, treiben Sie es mit dem inneren am Gurt liegenden Schenkel wieder nach außen. Der äußere Schenkel liegt verwahrend hinter dem Gurt. Der äußere Zügel kontrolliert die seitliche Abstellung des Pferdes und verhindert (zusammen mit dem vortreibenden und leicht nach außen wirkenden inneren Schenkel), dass es tatsächlich nach innen abwendet. Lassen Sie Ihr Gewicht leicht außen und schauen Sie geradeaus über die äußere Schulter des Pferdes als ob Sie geradeaus reiten wollten. Und

genau das tun Sie auch – Sie reiten mit dem nach innen gestellten und gebogenen Pferd geradeaus. Durch die leichte Diagonale, bei der inneres Hinterbein und äußeres Vorderbein in die gleiche Spur treten, muss das Pferd mit dem inneren Hinterbein mehr Gewicht aufnehmen als mit dem äußeren. Das innere Hinterbein tritt unter (den Schwerpunkt von Reiter und Pferd) und muss tragen, das äußere Hinterbein entwickelt dabei eher Vorwärtsschub.

Beim Schulterherein gibt es wiederum verschiedene Auffassungen, wo das Gewicht des Reiters sein soll. Die Version des Schulterherein mit Gewicht des Reiters innen ist wahrscheinlich hierzulande verbreiteter. Ich vertrete jedoch die Auf-

fassung »Gewicht außen« aus Gründen der Logik: Nach der Gleichgewichtstheorie soll das Pferd immer unter das Gewicht des Reiters laufen. Hat der Reiter das Gewicht im Schulterherein innen und stellt das Pferd auch noch nach innen, so muss er mit dem inneren Schenkel sehr viel stärker drücken, um das Bestreben des Pferdes seinem Gewicht und dem stellenden Zügel nach innen in eine Wendung zu folgen, auszugleichen. Auch der äußere Zügel muss mehr gegenwirken. Die »kontrollierende Diagonale« innerer Schenkel plus äußerer Zügel muss unnötige Arbeit leisten, die für die Hilfengebungs-Maxime »so wenig wie möglich« nicht wünschenswert ist. Zudem wären die Hilfen für das Schulterherein denen für Travers und Traversale sehr ähnlich. Für eine unverwechselbare und deutliche Hilfengebung sind solche Ähnlichkeiten – vor allem in der frühen Ausbildung – nicht sinnvoll.

Äußerer Zügel als Kontrollinstrument

Nun wird Ihr junges Pferd nicht so ohne weiteres auf Ihre Hilfen zum

Schulterherein mit losem inneren Zügel.

Schulterherein reagieren. Selbst, wenn Sie alles richtig machen, wird das Pferd versuchen, sich im ersten Fall entweder über die Schulter in die Gerade zu »flüchten« oder es wird im zweiten Fall Ihren inneren Schenkel ignorieren und abwenden. In beiden Fällen ist der äußere Zügel das Hauptkorrektur-Instrument. Beide Male der äußere? Genau – beide Male der äußere! Im ersten Fall müssen Sie natürlich zusätzlich durch den stellenden Zügel die Biegung nach innen aufrechterhalten. Der äußere Zügel verhindert jedoch, dass das Pferd einfach nur im Hals abknickt und Ihnen über die Schulter (geradeaus) wegläuft. Im zweiten Fall verhindert der äußere Zügel mit dem inneren Schenkel zusammen, dass das Pferd

abwendet bzw. mit der Schulter in die Wendung hineinkippt. Ihr außen bleibendes Gewicht tut in diesem Fall ein Übriges.

Klappt das Ganze im Schritt sicher und flüssig, so können Sie es im Trab probieren.

Schulterherein mit Sidepull.

Auch im Galopp ist Schulterherein möglich, steht jedoch im Grundausbildungsjahr kaum zur Debatte. Im Trab genügt anfangs ein »Schultervor«, d.h. ein Schulterherein mit weniger Abstellung des Pferdes nach innen. Sehr elastische Pferde können Sie dann schnell mit dem Schulterherein konfrontieren, bei steifen Pferden dauert es etwas länger bis die Abstellung stimmt, so dass die ideal gymnastizierende Bewegung auf drei Hufschlägen erreicht ist. (Auch ein Schulterherein mit stärkerer Abstellung – auf vier Hufschlägen – ist nicht falsch; es gymnastiziert jedoch das innere Hinterbein nicht so gut, weil dieses am Schwerpunkt vorbeitritt und nicht so viel Gewicht aufnehmen muss, nicht so viel tragen

Konterschulterherein auf dem Zirkel: Gewicht außen (links), der äußere Zügel kontrolliert.

muss, als wenn es unter den Schwerpunkt treten würde.)

Abkoppeln der Bewegungsrichtung von Stellung, Biegung und Blickrichtung des Pferdes

Mit dem Schulterherein haben Sie den ersten Schritt getan, um die Bewegungsrichtung von der Kopfstellung des Pferdes abzukoppeln. (Im Schulterherein schaut das Pferd nach innen und geht gebogen geradeaus – es schaut also nicht in Bewegungsrichtung.) Diese Abkoppelung ist aus zwei Gründen notwendig:

1. um die Pferde auf gebogenen Linien korrigieren zu können, wenn Sie nach innen oder nach außen kippen

2. um die Pferde daran zu gewöhnen, hauptsächlich auf Schenkel und Gewicht zu reagieren, sodass Sie die Einwirkung am

9

inneren stellenden Zügel schließlich für die Feinabstimmung minimieren können.

1. Korrektur auf dem Zirkel

Sie reiten das junge Pferd im Trab auf dem Zirkel (vom Galopp reden wir noch nicht – und im Schritt entsteht das Problem nicht, weil sich die Zentrifugalkräfte auf dem Zirkel im Schritt so gut wie nicht bemerkbar machen). *Kippt es Ihnen dabei über die Schulter nach innen* in den Zirkel herein (d.h. die Hinterhand fällt nach außen aus), so benutzen Sie die Hilfenkombinationen aus dem Schulterherein, um es außen auf der Zirkellinie zu halten. Setzen Sie den inneren Schenkel ein und treiben Sie das Pferd damit praktisch gegen den verwahrend angenommenen äußeren Zügel. Das Pferd ist dabei deutlich nach innen gestellt. Begehen Sie nicht den Fehler, das Pferd nach außen zu stellen (weil Sie es ja nach außen auf die Zirkellinie bugsieren wollen). Es würde entweder nach außen von der Zirkellinie weglaufen oder noch mehr auf die innere Schulter kippen und sich nach innen spiralen. Bei dieser Art des Hereinkippens entwickelt das äußere Hinterbein zuviel Schub und/oder das innere Hinterbein zu wenig Tragkraft. Nur mit der überdeutlichen Stellung des Pferdes nach innen und der diagonalen Kontrolle (innerer Schenkel plus äußerer Zügel) aus dem Schulterherein erreichen Sie, dass das innere Hinterbein trägt und inneres

Korrektur auf dem Zirkel: das Pferd kippt nach innen – das Gewicht des Reiters kommt nach außen – das Pferd wird noch deutlicher nach innen gestellt – der äußere Zügel begrenzt die Schulter

Vorderbein plus innere Schulter entlastet werden. Dazu müssen Sie jedoch Ihr Gewicht deutlich außen lassen, um inneren Schenkel und äußeren Zügel zu unterstützen.

Drängt das Pferd nach außen aus dem Zirkel heraus, so entwickelt das innere Hinterbein mehr Schub als das äußere, obwohl es eigentlich tragen sollte. Das innere Hinterbein schiebt das Pferd praktisch schräg nach außen weg. Stellen Sie nun den Hals des Pferdes einfach noch mehr nach innen, um es auf der Zirkellinie zu halten, dann läuft es Ihnen über die äußere Schulter weg.

Der Trick dabei ist, eine Art Konterschulterherein (zur Not reicht auch eine einfache Außenstellung des Pferdes) auf dem Zirkel zu reiten und damit das (vormals) innere Hinterbein unter den Schwerpunkt zu bekommen und zum Tragen aufzufordern. Stellen Sie also das Pferd gegen die beabsichtigte Bewegungsrichtung mit dem Kopf nach außen. Damit verändert sich natürlich auch die Lage der Schenkel. Der der Zirkelmitte zugewandte Schenkel wird zum äußeren und liegt verwahrend hinter dem Gurt, der Schenkel an der Zirkelaußenseite wird zum inneren und liegt treibend am Gurt. Das gilt entsprechend für inneren und äußeren Zügel. Ebenso für inneres und äußeres Hinterbein des Pferdes.

Ausschlaggebend ist das Gewicht des Reiters, das außen liegt – und zwar aus Sicht des Pferdes außen,

Korrektur auf dem Zirkel: das Pferd drängt nach außen

das Gewicht des Reiters kommt deutlich nach innen – das Pferd wird nach außen gestellt – der Zügel begrenzt innen die Schulter (Alle innen/außen Angaben mit Bezug auf den Zirkelmittelpunkt, nicht auf die Seite des Pferdes)

9

jedoch was die Figur des Zirkels betrifft innen. Mit der Gewichtsverlagerung und der Diagonalen äußerer Zügel (an der Innenseite des Zirkels) und innerer Schenkel (an der Außenseite des Zirkels) halten Sie das Pferd nun auf der Zirkellinie.

In beiden Korrekturfällen stellen Sie Ihr Pferd überdeutlich in die Richtung, in die es wegdrängelt und bedienen sich der »Steuerungstechnik« aus dem Schulterherein. Über diese Technik können Sie nun sowohl die Längsachse des Pferdes als auch seine Bewegungsrichtung kontrollieren und haben beide unabhängig voneinander gemacht. Sie können das Pferd gestellt oder gebogen geradeaus reiten (das

Schulterherein) und den Zirkel in Innen- und Außenstellung reiten. Damit können Sie jeweils gezielt das schwächere Hinterbein trainieren und zum Tragen bringen. Auf diese Weise – durch die Biegung – richten Sie das junge Pferd gerade.

Ein Wechsel zwischen Innen- und Außenstellung auf dem Zirkel wechselt das jeweils stärker tragende Hinterbein und gymnastiziert das Pferd, ohne es auf einer Hand zu überlasten. Häufiges Wechseln aus dem Zirkel mit sauberer Umstellung am Mittelpunkt hat eine ähnliche Wirkung, weil jeweils das neue innere Hinterbein des Pferdes nach jedem Wechsel Gewicht aufnehmen muss.

2. Sensibilisierung auf die Gewichtshilfen – Minimieren des inneren Zügels

Um das Pferd sensibel auf Gewichtsverlagerungen zu machen, bietet sich das Schulterherein in Verbindung mit Volten oder Kehrtvolten an. Reiten Sie auf der langen Seite Schulterherein und wenden Sie aus dem Schulterherein in eine Volte ab. Dazu müssen Sie nur Ihr Gewicht von außen nach innen verlegen (beim sensibel reagierenden Pferd reicht später eine Kopfdrehung von Ihnen, um es aus dem Schulterherein in die Wendung zu führen). Sie können nach Beendigung der Volte weiter im Schulterherein reiten, indem Sie Ihr Gewicht durch eine Kopf- und Schulterdrehung wieder nach außen nehmen. Sie können jedoch auch danach geradeaus reiten oder eine Kehrtvolte statt der ganzen Volte ausführen. Die Kehrtvolte bietet Ihnen die Möglichkeit, das Pferd auf Hinterhandwendungen und Traversalen vorzubereiten.

Travers, Traversalen

Auch im ersten Ausbildungsjahr kann das Pferd schon die Traversale lernen – und sei es nur im Schritt. Es geht in Travers und Traversale um eine weitere Sensibilisierung auf die Gewichts- und Schenkelhilfen. Aus gymnastizierender Sicht geht es um die noch stärkere Dehnung der äußeren Seite des Pferdes und um die Kontrolle des äußeren Hinterbeines. Haben Sie im Schulterherein das innere Hinterbein kontrolliert und zum Tragen aufgefordert, so tun Sie das Gleiche im Travers und in der Traversale mit dem äußeren Hinterbein. Die Hilfenkombination für das Travers und schließlich für die Traversale unterscheidet sich nur wenig von der des Schulterherein. Das Pferd ist statt mit der Vorhand auf dem zweiten Hufschlag (wie beim Schulterherein) nun mit der Hinterhand auf dem zweiten Hufschlag. Im Prinzip kommt nur Ihr Gewicht nach innen, wie auch in der Volte. Zusätzlich bekommt der äußere Schenkel kurzfristig etwas mehr Arbeit, denn er muss die Hinterhand nach innen auf den zweiten Hufschlag führen und danach verwahrend dort halten (seine Lage bleibt wie beim Schulterherein, nur die Intensität der Hilfe verändert sich kurzfristig). Der äußere Zügel muss das Pferd mit den Vorderbeinen auf den Hufschlag führen und dort halten. Der stellende innere Zügel bleibt wie gehabt, der treibende innere Schenkel auch. Das Pferd ist jedoch nun in Bewegungsrichtung gestellt und gebogen, während es im Schulterherein gegen die Bewegungsrichtung gestellt und gebogen ist. Es läuft in Bewegungsrichtung unter Ihr Gewicht (wie es später bei allen versammelnden Übungen der Fall sein wird). Wollen Sie an der langen Seite vom Schulterherein zum Travers wechseln, setzen Sie den äußeren Schenkel deutlicher treibend ein, nehmen den äußeren Zügel etwas stärker an und verlegen Ihr Gewicht auf den inneren Gesäßknochen (Kopf und Schulterdrehung des Reiters nach

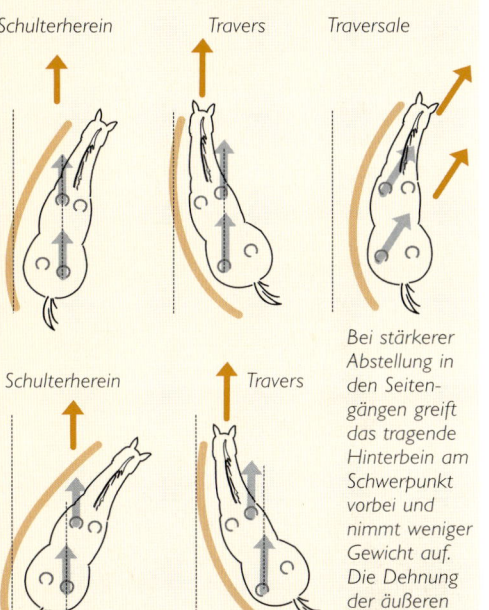

leichte Dehnung   mehr Dehnung und Biegung

Schulterherein   Travers   Traversale

Schulterherein   Travers

Bei stärkerer Abstellung in den Seitengängen greift das tragende Hinterbein am Schwerpunkt vorbei und nimmt weniger Gewicht auf. Die Dehnung der äußeren Seite des Pferdes ist jedoch gleich.

innen). Und schon haben Sie die Traversstellung an der langen Seite. Bis zur Traversale braucht es jedoch noch einen weiteren Schritt. Das Pferd muss in der Traversale lernen, Ihrem Gewicht und dem stellenden inneren Zügel noch besser zu folgen. Nur dann erreichen Sie, dass die Vorhand »führt«. Die Traversale ist am besten aus der Kehrtvolte zu entwickeln; das Pferd muss jedoch das Travers dazu schon sicher beherrschen.

Hinterhandwendungen

Die Hinterhandwendungen, die Sie sowohl für die Trailarbeit als auch zur Gymnastizierung brauchen, gehen Hand in Hand mit der Arbeit am Travers. Je nach Pferd klappt zuerst das eine oder zuerst das

andere zufriedenstellend. Im Prinzip ist die saubere Hinterhandwendung nichts anderes als eine Traversale um die als Drehpunkt fungierende Hinterhand. Das Pferd ist in Bewegungsrichtung gestellt und gebogen und tritt mit dem äußeren Vorderbein seitlich vor das innere Vorderbein. Das innere Vorderbein setzt

Hinterhandwendung durch Gewichtsverlagerung und Anlegen des äußeren Zügels, der innere Zügel ist lose.

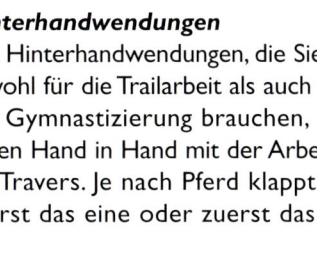

Traversale.

es dabei jedoch nur zur Seite statt vorwärts-seitwärts, wie in der Traversale. Der Reiter sitzt in Bewegungsrichtung. Der äußere Schenkel liegt verwahrend hinter dem Gurt und verhindert, dass die Hinterhand nach außen ausfällt. Der innere Zügel führt das Pferd seitlich (ruhig am Anfang mit weit seitwärts herausgeführter Hand). Das Pferd »folgt« der Hand des Reiters mit dem Kopf. Der äußere Zügel verhindert die Vorwärtsbewegung. Der innere Schenkel erhält verwahrend die Biegung. Das Annehmen und Führen am äußeren und inneren Zügel ist anfänglich reine Gefühlssache. Sie müssen ausprobieren, wie stark und wann jede einzelne Zügelhilfe kommen muss. Reagiert das Pferd wunschgemäß, war auch Ihre Zügelkoordination richtig. Achten Sie auf eine minimale Vorwärtstendenz in der Hinterhandwendung, sodass das Pferd immer nach vorne überkreuzt, also mit dem äußeren Vorderbein nie hinter – oder im schlimmsten Fall gegen – das innere Vorderbein tritt.

Wollen Sie die Hinterhandwendung später für Trailübungen modifizieren, dann reiten Sie sie langsam, halten Sie nach jedem Schritt an. Sensibilisieren Sie das Pferd stärker auf den äußeren Zügel, sodass Sie ihn an den Hals des Pferdes anlegen und als »Druckzügel« benutzen können. Das Pferd soll schließlich unter Ihr Gewicht laufen und dem außen angelegten (jedoch nicht mehr angenommenen) Druckzügel weichen.

Sie können eine Hinterhandwendung auch aus der Volte entwickeln, indem Sie diese immer stärker verkleinern, bis das Pferd um das innere Hinterbein dreht. Dazu kontrol-

9

lieren Sie mit dem äußeren Zügel die Vorwärtstendenz, nehmen Ihr Gewicht deutlich nach innen und hinten und verhindern mit dem äußeren Schenkel, dass die Hinterhand ausfällt. Auf diese Weise wird der Spin der Westernpferde trainiert. Für die später angestrebte schnellere Spinbewegung entfällt jedoch die Biegung des Pferdes und damit der innere biegende Schenkel des Reiters.

Hinterhandwendungen können in der fortschreitenden Ausbildung im Trab (z.B. Spin oder Kurzkehrtwendungen) und Galopp (Galopp-Pirouette) ausgeführt werden.

Mit Schulterherein, Travers und Hinterhandwendung haben Sie alle Kontrollmechanismen für die Gymnastizierung und die Koordination. Es geht in der weiteren Ausbildung nur noch darum, diese Mechanismen in verschiedenen Übungen und Gangarten einzusetzen.

Der Galopp

Nachdem wir nun das junge Pferd in Schritt und Trab koordiniert und gymnastiziert haben, kommen wir zu den letzten Punkten der Grundausbildung, den Galopphilfen und dem kontrollierten Angaloppieren und Galoppieren. Neben der Koordination und Gymnastizierung kommt der Kondition des Pferdes für die Galopparbeit eine größere Bedeutung zu als dies vorher im Trab der Fall war. Hat das Pferd noch nicht viel Kondition, so werden seine Muskeln – speziell im Galopp – schnell müde. Steigern Sie also die Galoppier-Zeit und die Anforderungen nur sehr langsam. Unter Umständen ist es auch sinnvoll, manchen Pferden im ersten Ausbildungsjahr (und auch während des Galopptrainings) nicht zuviel Kondition anzureiten. Besonders kleine »Kraftprotze« wissen sonst bald nicht mehr wohin mit sich und Ihrer Kraft und lassen sich nur schwer regulieren.

Wann Sie nun den Galopp in Angriff nehmen, ist Ihrem Feeling überlassen. Mit einem gut ausbalancierten und beweglichen Pferd früher, mit einem steiferen Pferd mit schlechtem Gleichgewicht später. Für ein kontrolliertes Angaloppieren ist es auf jeden Fall wichtig, dass das Pferd an der Longe bzw.

im Roundpen auf Stimmkommando im richtigen Galopp anspringt, sodass Sie das Pferd nicht in den Galopp hineinjagen müssen. Wollen Sie nun das erste Mal angaloppieren, so benutzen Sie das Stimmkommando für Galopp. Stellen Sie das Pferd leicht nach innen und begrenzen Sie die Stellung mit dem äußeren Zügel, treiben Sie mit dem inneren Schenkel am Gurt und mit dem äußeren hinter dem Gurt. Schieben Sie Ihre innere Hüfte vor, sodass Sie in einer leichten Diagonalen sitzen. Im Prinzip sitzen Sie dabei ähnlich wie für ein Travers. Nur ist die Hinterhand des Pferdes dabei nicht auf dem zweiten Hufschlag. Und Sie benutzen zusätzlich das verbale Kommando, um eine Verwechslung für das Pferd auszu-

Ausbalancierter Galopp.

schließen. Eine Verwechslung der Hilfen für Travers und der Hilfen zum Angaloppieren wird zudem dadurch erschwert, dass Sie bei den Galopphilfen zum Anspringen mit

innerem und äußerem Schenkel etwa gleich stark gegeneinander drücken, während beim Travers immer einer der beiden Schenkel eher verwahrend bleibt. Diese Sitzdiagonale erleichtert das richtige Anspringen. Durch den hinten liegenden äußeren Schenkel treiben Sie prinzipiell das äußere Hinterbein etwas seitwärts nach innen und unter den Schwerpunkt von Pferd und Reiter. Da das Pferd den (richtigen) Innengalopp mit dem äußeren Hinterbein beginnt, hat es damit schon den ersten richtigen Schritt gemacht. Mit dem inneren Schenkel treiben Sie prinzipiell vorwärts. (Damit treiben Sie den zweiten Teil des Sprunges heraus, die Diagonale inneres Hinterbein plus äußeres Vorderbein.) Merken Sie, dass das Pferd anspringen will, geben Sie zudem mit der inneren Hand nach, um den beginnenden Sprung nicht zu behindern. Ziehen Sie sie auf keinen Fall zurück, wie man es leider oft sehen kann. Versuchen Sie, Ihre innere Hand mit der inneren Hüfte zu koppeln; das hilft gegen die Tendenz, am Zügel zurückzuziehen. Geht Ihre Hüfte vor, so geht dabei gleichzeitig Ihre innere Hand vor. Der äußere Zügel ist nun für die Tempokontrolle verantwortlich, er kann etwas stärker angenommen werden, wenn das Pferd zu schnell werden will. Der innere Zügel ist – wie immer – nur für die Stellung des Pferdes zuständig.

Ob Sie aus dem Schritt oder aus dem langsamen Trab angaloppieren »sagt« Ihnen das Pferd. Für die korrekte Hilfengebung und auch für ein kontrolliertes Anspringen ist sicher das Angaloppieren aus dem Schritt besser. Manche Pferde tun sich jedoch schwer damit. Diese können Sie auch aus dem Trab anspringen lassen. Was Sie jedoch auf jeden Fall vermeiden sollten ist, das Pferd aus dem schnellen, übereilten »Schlachtertrab« in den Galopp hineinfallen zu lassen. Dabei haben Sie dann nämlich nichts mehr unter Kontrolle – weder Ihren Sitz noch das Tempo und vermutlich nach den ersten zwei hastigen Galoppsprüngen auch die Richtung des Pferdes nicht mehr.

Springt Ihnen das Pferd nicht auf Kommando an, sondern fällt in den Trab oder beginnt, im Trab immer schneller zu werden, dann bringen Sie es erst wieder in den Schritt bzw. in den ruhigen, taktreinen Trab zurück bevor Sie es erneut versuchen. Damit vermeiden Sie, dass das Pferd lernt, im Galopp zu stürmen. Extrem faule Pferde können Sie beim Anspringen mit einem Gertensignal außen unterstützen (um das beginnende äußere Hinterbein in Gang zu setzen).

Springt das Pferd im Kreuzgalopp oder im Außengalopp an, dann parieren Sie es vorsichtig (mit viel Stimmeinsatz und wenig Zügelhilfen) wieder durch und versuchen es nochmal. Bei guter Vorbereitung (d.h. gleichmäßiger Gymnastizierung beider Hinterbeine) im Trab sollte das Pferd prinzipiell keine körperlichen Schwierigkeiten mit dem richtigen Galopp auf beiden Seiten haben. Es kann jedoch sein, dass es sich etwas aufregt und »über Kreuz« anspringt, weil es vor Aufregung die Füße nicht richtig koordiniert. Das merken Sie daran, dass es nach dem missglückten Versuch keinen ruhigen kontrollierten Schritt bzw. Trab gehen will. In diesem Fall müssen Sie es erst im Schritt oder Trab beruhigen, bis es »den Hals fallen lässt« und nicht mehr hektisch zackelt.

Es gibt Pferde, denen das richtige Anspringen leichter fällt, wenn Sie etwas nach außen gestellt werden (bei ansonsten gleicher Hilfengebung wie oben beschrieben). Viele Westernpferde werden anfangs so angaloppiert. Wenn Sie also Probleme mit dem Innengalopp haben, können Sie es auch mal mit leichter Außenstellung oder mit gerade gestelltem Pferd versuchen – damit unterstützen Sie den zweiten Takt des Galoppsprunges, die Diagonale. Und Sie kommen nicht so sehr in Gefahr, am inneren Zügel zurückzuziehen, wenn Sie das Pferd nicht nach innen stellen.

Ein weiterer Trick bei Schwierigkeiten mit dem richtigen Galopp ist das Angaloppieren über einen kleinen Sprung (dort schon erwähnt). Stellen Sie eine Cavaletti-Reihe mit abschließendem Sprung so in die Bahn, dass Sie nach dem Sprung nach beiden Seiten abwenden können. Stellen Sie das Pferd über dem Sprung in die Richtung, in die Sie reiten wollen (und schauen Sie vor allem auch selbst dorthin) und es sollte im richtigen Galopp landen, also rechts, wenn Sie rechtsherum reiten wollen und links, wenn Sie das Pferd über dem Sprung nach links stellen.

Bei Pferden mit einem massiven Angaloppier-Problem setzen Sie den Galopp aus und arbeiten weiter im Trab an der beidseitigen gleichmäßigen Gymnastik oder entwickeln den Galopp in der Longenarbeit.

Üben Sie den »richtigen« Galopp auf beiden Händen und versuchen ein gleichmäßiges ruhiges Tempo in klarem Dreitakt zu erreichen.

Achten Sie darauf, immer gut diagonal zu sitzen.

Für die ersten Tage reichen ein bis zwei Runden im richtigen Galopp auf beiden Händen. Ob Sie Zirkel

9

oder ganze Bahn reiten, hängt davon ab, wie gut Ihr Pferd schon am äußeren Zügel steht, d.h. wie gut Sie es in einer Wendung im Griff haben. Bei grundlegender Gymnastizierung in den Seitengängen haben Sie auch für den Galopp auf dem Zirkel genug Kontrolle am äußeren Zügel. Auf dem Zirkel fällt die Tempokontrolle mit dem äußeren Zügel leichter, da das Pferd gebogen ist.

Gangartenwechsel Trab-Galopp-Trab-Galopp und häufige Handwechsel bringen Routine ins Anspringen rechts und links. Üben Sie diese Gangartenwechsel jedoch anfangs nicht zu häufig und nicht in zu kurzen Intervallen. Viele Pferde regen sich dabei auf. Ruhiges Galoppieren lernt das Pferd nur durch häufiges Angaloppieren und nicht durch langes Runde-um-Runde-Galoppieren, denn das Angaloppieren bedeutet für das Pferd eine viel größere Koordinationsleistung als das Weitergaloppieren. Zudem ist der Hinterhandeinsatz beim Anspringen immer am stärksten. Galoppieren Sie mit dem jungen Pferd zu lange am Stück, so wird es in den meisten Fällen auf die Vorhand kommen und damit oft schneller werden und aus dem Takt kommen.

Sie können Ihr Pferd auch aus dem Leichttraben angaloppieren und zum Leichttraben durchparieren; das schont den Rücken (allerdings nur, wenn Sie das gut beherrschen). Später folgen die Wechsel Schritt-Galopp-Schritt. Sie verlangen schon

eine Menge Hinterhandeinsatz des Pferdes bei den Paraden zum Schritt. Wird das Pferd Ihnen dabei zu »schwer« in der Hand oder zu unruhig im Schritt stellen Sie diese Wechsel noch eine Weile zurück. Es hat keine Eile damit.

Haben Sie das Tempo des Pferdes im Galopp unter Kontrolle, so können Sie mit den stärker biegenden und gymnastizierenden Lektionen beginnen. Alle Biegeübungen, die im Trab beherrscht werden, können vorsichtig auch im Galopp probiert werden – wahrscheinlich aber noch nicht im ersten Ausbildungsjahr.

Bis zu einem solch versammelten Galopp vergeht viel Ausbildungszeit.

Das wars auch so ziemlich fürs erste Jahr.

Härteres Training mit stärkeren Belastungen kann erst beginnen, wenn das Pferd erstens durch eine gute Grundgymnastizierung genug Muskulatur gebildet hat, die die Belastung abfängt und es zweitens weitgehend ausgewachsen ist. Zu den stärkeren Belastungen gehören z.B. die Sliding Stops von Westernpferden sowie höhere Sprünge und die starke Beugearbeit der Hinterhand bei Dressurpferden.

Die Autorin mit dem dreieinhalbjährigen Knabstrupper-Appaloosa-Mix »Bobby«.

Impressum:
Die deutsche Bibliothek-CIP-Einheitsaufnahme
Ein Titeldatensatz für diese Publikation ist bei
Der Deutschen Bibliothek erhältlich
Kerstin Diacont: Pferde richtig anreiten
München; Wien; Zürich: BLV 2000
ISBN 3-405-15517-7

BLV Verlagsgesellschaft mbH
München Wien Zürich
80797 München

© 2000 BLV Verlagsgesellschaft mbH, München
Das Werk einschließlich aller seiner Teile ist urheberrecht
lich geschützt. Jede Verwertung außerhalb der engen
Grenzen des Urhebergesetzes ist ohne Zustimmung des
Verlags unzulässig und strafbar. Das gilt insbesondere für
Vervielfältigungen, Übersetzungen, Mikroverfilmungen und
die Einspeicherung in elektronischen Systemen.

Gedruckt auf chlorfrei gebleichtem Papier

Bildnachweis
Fotos: Diacont: S. 7, 8, 13, 14, 19, 29, 30, 34, 40, 41, 43 rechts, 52 oben,
58, 67, 71, 72, 74, 75, 77, 78, 82, 83, 84, 85 oben, 86 links, 87, 90, 92, 98,
113, 120, 129, 138, 154 rechts, 155, 172, 189
(Archiv Diacont:) Karin Anders: S. 15, 33, 39 rechts, 43 links, 49, 52 unten,
63, 86 rechts, 106, 108, 124, 125, 133, 135, 136 mitte und rechts, 140, 143,
149, 150, 154 links, 158, 163, 165, 168, 176, 188 – Martina Belzer: S. 20,
24, 39 links, 46, 47, 48, 50, 60, 61, 68, 70, 103, 109, 115 – Ute Merkel:
S. 36, 81, 132, 136 links – Peter Steding: S. 21, 22, 25, 42, 44, 56, 85 unten,
89, 101, 118, 122, 127, 128, 190 – Peter Sowada: S. 139, 148, 177, 182, 183,
185
Julia Rau: S. 5
Grafiken: Kerstin Diacont
Umschlaggestaltung: Parzhuber & Partner, Werbeagentur, München
Umschlagfoto: Kerstin Diacont
Rückseitenfotos: Ute Merkel unten, Peter Steding oben
Layout, Satz, Lithos: Kerstin Diacont
Herstellung: Manfred Sinicki
Gesamtherstellung: Neue Stalling, Oldenburg

Printed in Germany   ISBN 3-405-15517-7

Know-how für die Pferdepraxis.

Jackie Budd
Pferde besser verstehen
Die Natur des Pferdes besser
verstehen – Basis für eine gute
Beziehung zwischen Mensch
und Pferd: Instinktverhalten
und Evolution des Pferdes,
Charakterzüge und Verhal-
tensweisen, Lernverhalten,
Intelligenz und Ausbildung,
Einsichten bekannter
»horsemen«.

John Lyons
und Sinclair Browning
Pferdetraining ohne Zwang
Pferdeausbildung mit John Lyons –
Nummer eins der Trainer in den USA:
effektive Lerneinheiten nach dem System
der kleinen Schritte von der Round-pen-
Arbeit über die Bodenarbeit bis zur Ausbildung des Pferdes in Dressur und Gelände.

Colin Vogel
Das Beste für mein Pferd
Einfühlsame Pflege und Haltung – orien-
tiert an den Bedürfnissen des Pferdes:
der optisch perfekt gestaltete Ratgeber
mit über 750 Farbfotos für Pferdebesitzer
und Reiter, denen das Wohlergehen ihres
Pferdes am Herzen liegt.

Selma Brandl
Harmonie im Sattel
Der richtige Umgang mit dem Pferd,
seine artgerechte Haltung, die Ausbil-
dung von Pferd und Reiter in allen
Reitweisen – mit vielen Abbildungen,
die die Faszination der Pferde und des
Reitsports eindrucksvoll vermitteln.

*Im BLV Verlag finden Sie
Bücher zu den Themen:* Garten und Zimmerpflanzen • Natur • Heimtiere • Jagd und Angeln • Pferde
und Reiten • Sport und Fitness • Wandern und Alpinismus • Essen und Trinken

Ausführliche Informationen erhalten Sie bei:

**BLV Verlagsgesellschaft mbH • Postfach 40 03 20 • 80703 München
Tel. 089 / 1 27 05-0 • Fax 089 / 1 27 05-543 • http://www.blv.de**